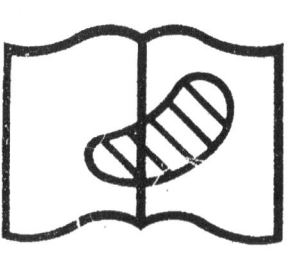

Illisibilité partielle

Contraste insuffisant
NF Z 43-120-14

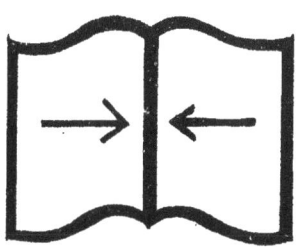

RELIURE SERREE
Absence de marges
intérieures

Valable pour tout ou partie
du document reproduit

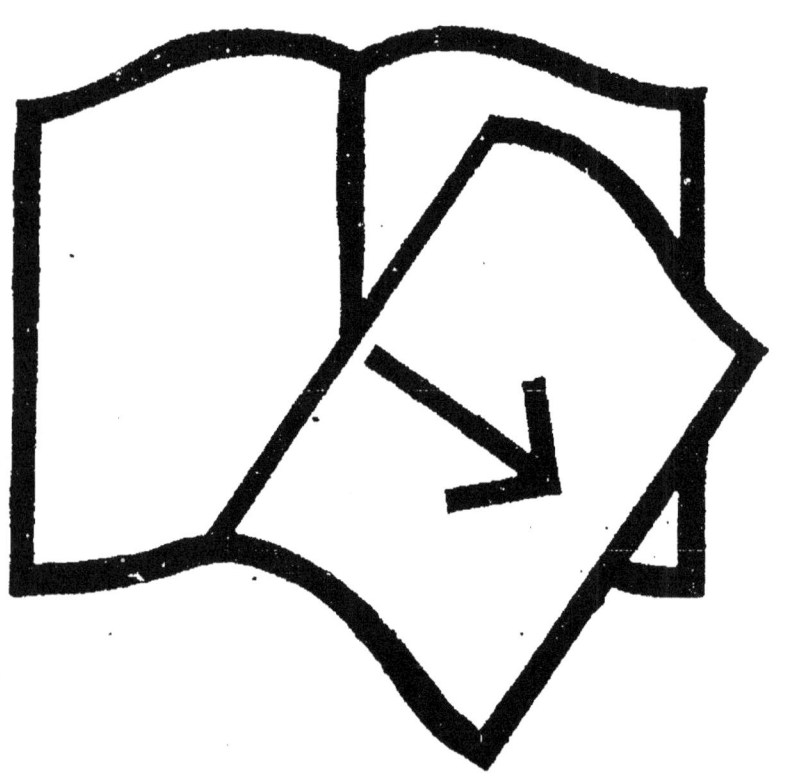

Couverture inférieure manquante

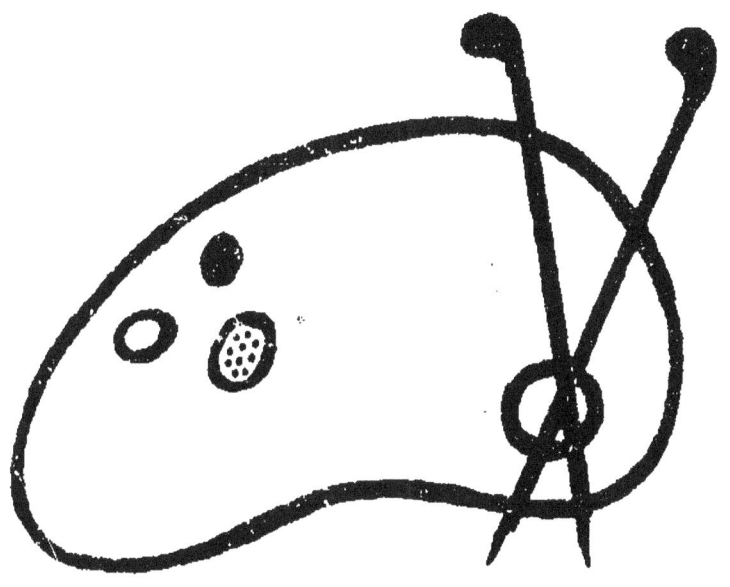

Original en couleur

NF Z 43-120-8

ANNALES
DE LA
VILLE DE ROMANS

PENDANT LES GUERRES DE RELIGION

DE 1549 A 1599

PAR

Le D.ʳ Ulysse CHEVALIER

VALENCE

IMPRIMERIE DE CHENEVIER ET CHAVET

—

1875

ANNALES

DE LA

VILLE DE ROMANS

PENDANT LES GUERRES DE RELIGION

DE 1549 A 1599

PAR

Le D.ʳ Ulysse CHEVALIER.

VALENCE

IMPRIMERIE DE CHENEVIER ET CHAVET.

1878

ANNALES

DE

LA VILLE DE ROMANS

PENDANT LES GUERRES DE RELIGION

de 1549 à 1599.

AVANT-PROPOS.

L'*Essai historique sur l'abbaye de Saint-Barnard et sur la ville de Romans*, par M. Émile Giraud, s'arrête à la fin du XIVᵉ siècle. Mais, comme le fait remarquer le savant historien, « à partir de cette époque, on comprend que Romans perdra beaucoup de son importance. Mêlée à l'histoire générale de la France, elle aura rarement l'occasion de s'en détacher et d'appeler l'attention [1]. »

Malheureusement pour Romans, la perte de son indépendance et de son rang politique ne fut pas compensée par une plus grande sécurité : elle a eu à subir, comme toutes les villes, ses jours de calamité et de détresse. Place fortifiée et centre populeux

---

(1) T. II, p. iij.

et riche, elle a été recherchée et possédée tour à tour par les partis qui se disputaient le pays. Si, pendant les guerres de religion, elle n'a pas joué un rôle influent, elle a cependant été le théâtre d'événements assez importants pour que la publication de ses annales, pendant cette terrible période, intéresse non-seulement l'histoire particulière de cette ville, mais encore l'histoire générale de la province. C'est dans les archives communales, c'est dans ces tableaux naïfs et inconscients des événements, des besoins et des impressions du moment que l'on doit chercher cette multitude de faits, gros ou petits, nécessaires pour préparer une histoire complète et satisfaisante des temps agités dont nous nous occupons. En retour d'un travail pénible, on trouvera souvent des révélations aussi inattendues qu'importantes [1]. L'histoire générale de la province au XVIe siècle, on ne saurait trop le redire, ne pourra être écrite que lorsque les chroniques locales auront été publiées, et encore la vérité entière ne sera jamais bien connue, parce que la plupart des chefs et des agitateurs de ces temps malheureux, ayant eu des intentions et un but peu avouables, se sont bien gardés de livrer leurs secrets.

En parcourant les annales du Dauphiné, on trouve, pendant le cours de la seconde moitié du XVIe siècle, une suite presque ininterrompue de faits désastreux [2]. Les historiens ne nous ont

---

(1) Citons comme exemple, parmi beaucoup d'autres, le fait suivant. Aucun biographe ne désigne le lieu où, par ordre du prince de Condé, le trop fameux baron des Adrets fut arrêté par Montbrun et Mouvans. Les registres consulaires de Romans nous apprennent que cet événement important eut lieu avec divers incidents dans cette ville, le 10 janvier 1563.

(2) D'après une statistique présentée aux États-Généraux de Blois, un publiciste protestant, Froumenteau, a établi que pendant les guerres de religion, jusqu'en 1581, 7565,200 hommes ont péri en France, 12,300 femmes ou filles ont été violées, 128,256 maisons ont été brûlées ou détruites, 3 millions et tant de personnes appauvries ou ruinées, auxquelles on a fait payer 4 milliards 700 millions, etc.; le tout, en fin de compte, pour implanter des germes de division entre les Français.

pas fait connaître les causes et le but et encore moins les conséquences politiques et sociales de ces lamentables événements. De nouveaux travaux sont donc nécessaires pour nous apprendre d'une manière complète les mille drames de ces guerres, que l'on devrait appeler *civiles*, malgré l'usage, quoiqu'elles se soient abritées sous le manteau de la religion. Ces guerres où, sous le prétexte de fidélité au roi, de zèle à la religion et de liberté de conscience, on voyait des princes, des généraux, des magistrats mépriser les ordres de l'autorité, des soldats s'entr'égorger avec bonne foi pour des chefs ambitieux qui ne croyaient à rien. Ce n'est point calomnier des Adrets, Crussol, Mouvans, Montbrun, Lesdiguières et autres en disant que ces chefs n'avaient guère plus de croyance que d'humanité, et que leurs soudards, abandonnés sans frein à toutes les licences de la guerre, se préoccupaient fort peu du libre examen et d'autres abstractions métaphysiques pour lesquelles ils étaient censés combattre.

« C'étoit, dit Chorier, l'artifice des chefs de ne parler que des intérêts de la religion en ne combattant que pour les leurs. »

Les circonstances générales des troubles du xvie siècle sont assez connues. Ils commencèrent par la conjuration d'Amboise, qui éclata contre les princes de Guise, au mois de mai 1560. La première guerre civile fut occasionnée, deux ans après, par le massacre de Vassy, le 1er mars 1562, où soixante protestants furent tués et un grand nombre furent blessés. Le prince de Condé fut déclaré chef des protestants. Jean de Rohan commandait sous lui les troupes du Dauphiné et du Languedoc. Cette première guerre fut terminée l'année suivante par le premier édit de pacification, publié à Amboise le 19 mai 1563, dans lequel les huguenots eurent beaucoup d'avantages. La paix ne fut pas de longue durée.

En 1567, la reine Catherine de Médicis fit des levées de troupes sous le prétexte du passage du duc d'Albe dans les Pays-Bas. La méfiance des huguenots, qui en prirent de l'ombrage, donna lieu à la seconde guerre civile, qui fut terminée par la deuxième paix, conclue à Longjumeau le 27 mars 1568, dite la petite paix, parce qu'elle ne dura que six mois. La même année vit naître la troisième guerre civile, qui fut plus animée que les autres. Elle fut causée par le projet que la reine avait formé de faire arrêter le prince de Condé et l'amiral de Coligni. La troisième paix, qui mit fin à cette guerre, fut conclue à Saint-Germain, le 8 août; on la nomma, par un jeu de mots, la paix *boiteuse* et *malassise*, parce qu'elle avait été conclue par MM. de Biron et de Mesme, dont le premier était boiteux et l'autre portait le nom de la seigneurie de Malassise. L'année 1573 vit naître et termina la quatrième guerre. La cinquième commença l'année suivante, en 1574, et fut terminée par l'édit de pacification signé à Beaulieu en Touraine le 16 mai 1576, par lequel on accorda aux protestants l'exercice public de leur religion. On vit, quelques années après, renaître les troubles, qui n'avaient été qu'assoupis. La sixième guerre civile se termina, le 17 septembre 1577, par le traité de Bergerac, qui renouvelait les conditions accordées précédemment.

Par le traité de Nemours avec les seigneurs, signé le 7 juillet 1585, tous les édits de tolérance furent supprimés. Tous les huguenots furent sommés de quitter la France dans le délai de six mois, et la Ligue, à son tour, obtint, comme garantie, des places de sûreté. En 1586, Henri de Navarre, qui régna depuis sous le nom d'Henri IV, se mit à la tête des réformés et rendit ce parti redoutable; ce qui détermina la sixième paix, signée à Rouen en 1588. Malgré tant de traités de paix et d'édits de pacification, la France ne jouit de quelque tranquillité que par l'édit de Nantes, donné en faveur des protestants le 30 avril 1598.

Les historiens ont, en général, rendu justice à ce sage compromis, mais la plupart l'ont vanté outre mesure comme antithèse de sa révocation. Il fut loin, en effet, de satisfaire les protestants, dont il limitait les prétentions[1]. Ils en conservèrent

---

(1) Ainsi, à Romans, les syndics de l'église réformée présentèrent aux commissaires du roi, à Lesdiguières lui-même, au nom de leurs coreligionnaires, des protestations contre l'édit de Nantes, qui, disaient-ils, ne leur offrait pas des concessions suffisantes.

même une profonde irritation, qui se traduisit plusieurs fois en rébellion. De là ces prises d'armes qui nécessitèrent les siéges de la Rochelle et de Montpellier, la réduction des villes de Privas et de Montauban, et enfin le traité conclu à Alais, le 28 juin 1629, qui fut le dernier pour cause de religion. Les réformés avaient eu le double tort de se poser en parti politique et d'en appeler à la force : la force et la politique leur répondirent.

Quant aux habitants de Romans, préoccupés des intérêts de leur commerce et de leur industrie, ils ne pouvaient voir qu'avec répugnance les désordres que produisaient les dissensions politiques et religieuses. Ils tenaient peu à savoir qui, des Guise ou des Condé, l'emporterait à la cour. Ils découvraient aisément l'hypocrisie avec laquelle les chefs des huguenots prétendaient, en massacrant les prêtres et en interdisant le service divin, combattre pour la délivrance du roi et de la reine sa mère, et pour la liberté de conscience. L'aversion des Romanais pour la Réforme augmenta encore en voyant des étrangers commander chez eux, et des ministres venus de Genève prêcher contre la religion de leurs pères et semer ainsi la discorde, la haine et l'hérésie [1]. En retour ils donnèrent, il est vrai, à la Suisse plusieurs prédicateurs, entr'autres Jean Raymond-Merlin, dont les descendants furent aussi ministres ; François Barattier, dont le fils publia une *Notice sur la grande bible rabbinique*; Jean Aymon, prêtre apostat, connu par la soustraction qu'il fit à la bibliothèque du roi. Sans doute Romans fournit encore à la Réforme un certain contingent de gens obscurs, particulièrement de

---

(1) L'action calviniste a été, dans notre contrée, plutôt dévastatrice que fondatrice; et, comme elle était imposée les armes à la main par des étrangers, elle fut loin d'entraîner la masse de la population. La différence d'origine, autant peut-être que celle de religion, créa, dès le principe, une antipathie qui fut un invincible obstacle à l'adoption de la Réforme; et, même de nos jours, les quelques protestants fixés à Romans (90 sur 12,674 habitants, en 1872) sont presque tous venus du dehors.

ceux qu'attirent la nouveauté et la licence jointes à l'impunité : le 25 avril 1561, ils remplirent trois bateaux et descendirent l'Isère pour aller rejoindre à Valence le baron des Adrets.

Durant cette triste période de près de cinquante ans, les consuls de Romans eurent des fonctions bien difficiles à remplir. Aux ordres souvent contradictoires émanés des diverses autorités ils répondaient invariablement par de longues professions de zèle et de fidélité, de dévoûment et d'obéissance aux gouverneurs et au parlement. Enfin, aux chefs de parti, audacieux et sans scrupule, qui, au nom de la liberté, rançonnaient les habitants, pillaient et brûlaient les édifices religieux et chassaient leurs adversaires, quand ils ne les égorgeaient pas, nos malheureux magistrats municipaux adressaient des phrases emphatiques et trop souvent sans effet, où revenaient sans cesse les mots d'union, de concorde, d'amitié fraternelle, de paix et de liberté. Ils avaient aussi à défendre les finances de la ville, mises à contribution par tous les chefs militaires en garnison ou de passage, et à faire face, avec de minces revenus, à des nécessités de toutes sortes.

Encore souffrants des nombreuses pertes essuyées par leur église pendant les troubles religieux, les chanoines de Saint-Barnard accusèrent les anciens consuls de Romans d'avoir toléré les dégâts commis à cette époque. Cette accusation était fort injuste. Ces derniers avaient, au contraire, fait tous les efforts possibles pour défendre l'ordre, les personnes et les propriétés des habitants. Ils n'avaient permis que ce qu'ils n'avaient pu empêcher, et même ils avaient eu soin d'insérer de fréquentes protestations dans les délibérations de l'assemblée municipale, disant ordinairement que « ils cédoient à la force pour empescher un plus grand mal. »

Aucun récit historique ne prête autant que celui de ces guerres civiles à des phrases déclamatoires. Loin d'élargir et d'étendre notre sujet, nous nous sommes appliqué à le restreindre, à exposer simplement et clairement les faits, persuadé qu'ils parleront assez d'eux-mêmes pour que le lecteur puisse facilement se prononcer et juger en connaissance de cause. Nous ajoutons seulement quelques notes sur des personnes et des événements appartenant à l'histoire locale et par conséquent peu connus, renvoyant aux biographies et aux histoires générales pour les personnages et les faits étrangers à notre ville.

Pour la rédaction de ce travail nous avons compulsé avec soin les archives municipales et hospitalières de Romans, et tout particulièrement les registres des délibérations de l'époque. Nous avons aussi mis à profit le Mémorial manuscrit d'Eustache Piémont, les enquêtes, les procès-verbaux et les monitoires provoqués par le chapitre de Saint-Barnard, ainsi que les factums de procès fort érudits publiés au siècle dernier par les syndics de l'église et de la ville. Tous ces extraits, puisés aux sources, transcrits avec exactitude par ordre chronologique et sous forme d'annales, sont autant de matériaux qui pourront un jour être mis en œuvre pour élever à l'histoire de la province le monument que les érudits attendent encore.

ANNALES

DE LA VILLE DE ROMANS

PENDANT LES GUERRES DE RELIGION

de 1549 à 1599.

Les nouvelles doctrines religieuses venues d'Allemagne, adoptées à Genève, prêchées par Calvin, communiquées en secret dans nos contrées, commencèrent à se manifester au dehors par le mépris des choses saintes et par des violences contre l'ancien culte. La population s'émut de ce scandale et força l'autorité à le réprimer.

1549

20 août. — Sur l'avis donné par les Pères Cordeliers et par les consuls Gaspard Coste, François Raymond-Merlin, Jean Thomé et Jean Besson que l'hérésie se glissait parmi les habitants de Romans, le parlement commit Jean Baronnat, conseiller, pour informer contre les nouveaux contempteurs de la foi catholique qui pourraient se trouver dans les villes de Romans et de Montélimar.

8 décembre. — Lorsque le conseiller Baronnat vint à Romans, la femme Colombier, qui lui avait été dénoncée, se réfugia à Genève, d'où elle écrivit plusieurs lettres contenant des propositions hérétiques. Le parlement la condamna à être brûlée vive sur la place publique de Romans, un jour de marché. L'exécution eut lieu en effigie.

16 décembre. — En vertu de sa commission, le conseiller Baronnat fait prendre au corps Antoine Tavanel et Jeanne

Malhète, mariés. Des consuls et des habitants de la ville se joignent au procureur général et se portent partie civile contre les inculpés. On avait trouvé dans leur maison d'habitation le *Catéchisme de Genève*, par Calvin, et le livre dit la *Forme des prières ecclésiastiques avec la manière d'administrer les sacrements*, etc., livres réprouvés comme renfermant des maximes hérétiques. En conséquence, la cour a condamné Jeanne Malhète à suivre, pieds nus et tenant une torche ardente du poids de trois livres, la procession déjà ordonnée par un arrêt précédent contre Loyze Arnaude, dite Gavanette. Cette procession part de l'église de Saint-Barnard et se rend au Mont-Calvaire. Jeanne Malhète doit assister à la messe qui là se dira, et à l'amende honorable de ladite Gavanette, et mettre ensuite le feu à un fagot de bois sur lequel seront brûlés lesdits livres, disant qu'elle demande pardon au roi et justice; et lui a défendu ladite cour de dorénavant tenir semblables livres ou autres réprouvés et d'enseigner aucunes filles, le tout sous peine de la hart.

Par le même arrêt, ledit Tavanet a été condamné à la même peine, à dix livres d'amende et aux frais, ainsi que Jean de Comiers, dit Charmes, meunier, pour avoir mal parlé des images des saints et saintes du paradis.

1580

20 février. — Le prédicateur de la ville déclare à l'assemblée municipale qu'il se tient beaucoup de discours contre la foi. Il appelle sur ce danger toute la vigilance de l'autorité.

1581

1ᵉʳ octobre. — Quelques ecclésiastiques s'étant fait payer des salaires extraordinaires pour l'administration des sacrements, la ville est dans l'obligation d'avoir recours au gouverneur, au roi même et à son conseil pour réprimer cet abus.

15 décembre. — Le prédicateur de la ville est accusé d'avoir avancé en chaire quelques propositions qui étaient contre la foi. On se saisit de sa personne et il est mis entre les mains du vibailli de Saint-Marcellin pour en informer.

1555

Octobre. — L'archevêque de Vienne, Pierre Palmier, assemble le chapitre et lui demande si quelques-uns de ses sujets, dans la ville de Romans, sont enclins aux idées de l'hérésie nouvelle. Les chanoines répondent qu'ils n'en savent rien, mais que les curés, qui administrent les sacrements aux habitants, pourront lui donner les renseignements dont il a besoin.

1556

17 mars. — Le comte de Clermont, gouverneur du Dauphiné, vient à Romans. La ville lui offre, suivant un antique usage, un tonneau de vin clairet et un tonneau de vin blanc.

24 mars. — La ville fait don au roi de 40 quintaux de salpêtre.

12 avril. — Par un édit du mois de mars 1554, Henri II avait supprimé la monnaie de Romans. Des commissaires viennent dans cette ville et y procèdent à la clôture de l'hôtel des monnaies, en présence du juge royal et des consuls, ainsi que des officiers de cet atelier. Ils ordonnent aux consuls de faire briser les instruments servant à la fabrication et de veiller à ce qu'à l'avenir il ne se fabrique plus à Romans ni pièces d'or, ni pièces d'argent, ni de billon.

8 octobre. — Les religieux de la Grande-Chartreuse offrent aux consuls de Romans de leur prêter une somme de 2,000 écus, à raison d'une pension à 5 pour cent.

1558

Octobre. — On avait fait plainte à M. de Thiers, grand vicaire de l'archevêque de Vienne, de ce que deux habitants de Romans, s'étant trouvés à Beaurepaire, avaient tenu des discours contre la foi. Le grand vicaire pria les autorités de la ville d'engager ces habitants et autres à s'abstenir de semblables discours. Les inculpés ayant été appelés au conseil dirent n'avoir pas tenu les propos qu'on leur reprochait.

1560

16 mars. — Les consuls, voyant « les progrès, les insolences et les débordements des hérétiques, » envoient un député au parlement de Grenoble pour donner avis des séditions qui troublent la ville, et afin qu'il lui plaise d'y mettre ordre par son autorité, vu qu'ils ne se sentent pas assez forts pour le faire.

22 mars. — Le juge de Romans, Charles Veilheu [1], fait connaître à l'assemblée que « certains séducteurs et dogmatiseurs parcourent la ville avec des arquebuses, pistolets et longs bois. » Il a fait en conséquence interdire le port d'armes.

1561 [2]

25 mars. — Suivant l'usage, on élit ce jour-là les nouveaux consuls. Le choix se porte sur Jean de Solignac, sieur de Veaunes [3], Jean Berger, Augustin Lorette et François Varlet.

---

(1) Charles Veilheu, juge ordinaire à la part du chapitre, d'une famille originaire de Clérieu, anoblie en 1546 dans la personne de Claude Veilheu, lieutenant au bailliage de Saint-Marcellin, ensuite conseiller au parlement, par lettre du 7 mars 1549. Il fut emprisonné le 18 mars 1575, à cause du retard de la ville dans le paiement des tailles. Plusieurs autres membres de cette famille figureront dans ces annales et auront leur notice.

(2) L'année ne commençait alors que le 25 mars.

(3) Jean de Fay de Solignac, seigneur de Veaunes, écuyer, descendait d'une très-ancienne famille du Vivarais, qui se fixa dans les environs de Romans au XIVe siècle. Il donna le dénombrement de ses terres le 27 août 1540. Il fut plusieurs fois premier consul, en septembre 1572 gouverneur de Romans et député aux États de la province et auprès des gouverneurs pour les affaires de la ville. Il était très-zélé catholique; il se plaignit aux autorités des violences exercées par les protestants. Il eut de Françoise Payn trois enfants, savoir : 1° Antoine, qui sera plusieurs fois mentionné; 2° Justine, qui épousa Antoine-Pierre d'Alpignac, sieur de Saint-Muris; et 3° Jean, sieur de Cherinet et de Veaunes, marié à Claude de Gaste et mort en 1646.

A la fin de la séance, le juge Veilheu, qui présidait, remontra « qu'on ne pouvoit pas ignorer le trouble qui étoit dans la ville, provenant de certains séditieux qui se bandoient contre l'autorité du roi et de sa justice, faisant la nuit des assemblées pour faire prescher une nouvelle doctrine contre les défenses du roi et du parlement publiées à son de trompe, sous peine de punition corporelle et de confiscation des biens; partant requiert et somme les membres de l'assemblée de se déclarer et de dire s'ils entendent demeurer bons et loyaux serviteurs du roi et obéir à justice, prêter main-forte pour punir les rebelles et contrevenants. » Ce discours et cette sommation ouïs, toute l'assemblée répond d'un commun accord que, pour l'honneur de Dieu et le service du prince, ils étaient prêts à exposer leurs personnes et leurs biens. En foi de quoi tous levèrent la main.

1ᵉʳ avril. — L'assemblée de la ville, instruite que « des étrangers rebelles et séditieux se jactoient de vouloir saisir des églises de la ville pour y faire prescher publiquement leurs ministres, qu'ils ont fait venir de Genève, et davantage de mettre des forces dans la ville par eau et par terre, pour les favoriser et faire forts, » « il est décidé qu'on parlera aux principaux auteurs de ladite sédition pour les engager à se retirer; que cependant on attachera tous les bateaux, à moitié pleins d'eau, le long du quai de Saint-Barnard, et qu'on dépêchera vers le gouverneur et le parlement pour obtenir aide et conseil ainsi que l'autorisation de porter des armes. »

11 avril. — Le comte de Clermont envoie le baron de Vinay à Romans « pour commander et gouverner la ville durant les troubles qui se font aujourd'hui sous prétexte de la religion. » Dès son arrivée, M. de Vinay met des gardes aux portes de la ville, pose des sentinelles dans les tours et s'assure de sa compagnie de soldats pour, en cas d'émeute, arrêter les rebelles. Suivant la demande du gouverneur, la ville accorde à son commandant et à sa suite le logement, les vivres et les ustensiles.

17 avril. — François de Saint-Paul, venu de Montélimar, prêche le premier dans Romans les nouvelles doctrines. Il est appuyé par Michel et Jacques de Fay de Changy et par la noblesse des environs. Il se loge au couvent des Cordeliers, dont il occupe la chaire « avec des applaudissements presque universels. » Les calvinistes se rendent aussi maîtres de l'église de Saint-Romain. Ils y firent depuis l'exercice de leur religion, et ils s'assemblaient publiquement et armés.

18 avril. — Dans une assemblée tenue en présence de M. de Vinay, de M. Fabri, conseiller au parlement, et de M. de Garagnol, juge royal [1], M. de Vinay dit qu'il s'est efforcé de tout son pouvoir de faire cesser le trouble qui est aujourd'hui dans la ville. Des réunions nocturnes avec port d'armes ont eu lieu malgré les défenses du roi. Les séditieux n'ont pas voulu se retirer, quelques prières et quelques remontrances qu'il leur ait faites; tellement que, pour sa décharge, il est d'avis d'envoyer un gentilhomme au comte de Clermont et au parlement pour demander aide et conseil. L'assemblée désigne M. de Solignac de Veaunes, premier consul, pour se transporter à Grenoble avec le gentilhomme que choisira M. le baron de Vinay.

20 avril. — Le roi, étant averti de ce qui se passait à Romans, envoie aux consuls une lettre dans laquelle il fait entendre à son peuple le déplaisir qu'il a de voir qu'il a fait des entreprises et élevé des armes contre lui et sa maison, sous prétexte de religion, déclarant que, pour faire cesser la rébellion qui se présente aujourd'hui contre sa majesté, il veut qu'on coure sus aux séditieux comme ennemis de l'État et perturbateurs du repos public. L'assemblée décide que pour obéir au roi on empruntera telle somme nécessaire pour couvrir les dépenses, et qu'on priera M. de Thiers, qui a prêché le carême,

---

(1) Antoine de Garagnol, licencié en droit, juge royal de Romans dès 1546. Ayant été guéri miraculeusement, il fit reconstruire à ses frais, en 1583, le sépulcre du Calvaire, qui avait été ruiné par les calvinistes. Il laissa : 1° Antoine, qui fut vibailli de Saint-Marcellin et anobli en 1605 ; 2° Françoise, qui fut la femme d'Antoine Guérin, lequel succéda à son beau-père sur le siège de juge royal; 3° Sébastienne, mariée à Alexandre Valernod, maître en la Chambre des comptes.

de continuer ses exhortations « grandement nécessaires pour calmer les esprits. »

21 avril. — Les consuls rappellent les grandes dépenses que nécessite la fourniture des vivres pour M. le baron de Vinay, sa nombreuse suite et les garnisons qu'il a mises aux portes et dans les tours de la ville. Ils ajoutent qu'ils ont reçu des commis du pays avis que M. de Clermont demande la somme de 4,000 livres pour mettre sur pied sa compagnie.

Sur les réclamations des consuls, M. de Lamotte-Gondrin, qui résidait à Valence, les déchargea des deux tiers de la compagnie de M. de Clermont, et leur enjoignit de tenir la main à ce que les séditieux ne fissent aucune assemblée ni prêche, et que, s'ils désobéissaient, on les punît « en les jetant à l'eau. »

1ᵉʳ juin. — Une commission du parlement, composée de M. Truchon, premier président, et des conseillers Laurent Rabot, Jean du Vache, Fabri, André Ponat, Aimar Rivail, Dugua, Laubepine et Rostaing, fut envoyée pour faire le procès à des séditieux arrêtés à Valence et à Montélimar. Après avoir prononcé plusieurs condamnations capitales dans la première de ces villes, les commissaires se rendirent à Romans, où ils firent arrêter une soixantaine de personnes. Ils condamnèrent à mort Roberti, pour avoir logé le ministre dans sa maison, et Mathieu Rebour, parce qu'il avait gardé l'entrée de l'église de Saint-Romain pendant le prêche, armé d'une épée et d'une arbalète. Un portefaix, nommé Chevillon, fut fustigé et envoyé aux galères; les autres furent mis en liberté après avoir passé quelques jours en prison.

La déclaration d'Amboise fit cesser ces supplices.

21 août. — Le juge Veilheu, voyant la négligence des consuls, les somme de faire exécuter les règlements. Alors on commit Bernardin Guigou[1] et Antoine Gontier[2], capitaines de

---

(1) D'une très-ancienne famille de Romans, qui a fourni la branche de Chapolay, dont plusieurs membres ont été auditeurs des comptes et trésoriers de France, Bernardin Guigou fut plusieurs fois consul. Il n'eut qu'une fille qui, le 22 mars 1589, épousa Jean Collet d'Anglefort, avocat.

(2) Antoine Gontier, consul et capitaine de la ville, était un riche marchand

la ville, pour y tenir la main; et, comme les soldats de la compagnie de M. de Vinay manquaient d'armes, la ville leur fournit trente piques. Elle avança aussi de l'argent pour leur paye et fit réparer les tours et les murailles.

Octobre. — On s'aperçut qu'il se glissait insensiblement des étrangers dans la ville sous prétexte de passage. Ce danger obligea de renouveler les gardes des portes et à sommer les hôteliers de faire rapport de la quantité et de la qualité des personnes qu'ils logeaient. Néanmoins, toutes ces précautions ne contenaient point les rebelles : quand ils ne pouvaient pas s'assembler dans la ville, ils le faisaient dehors.

La Motte-Gondrin, ayant eu avis que les huguenots se réunissaient à Romans, avec la tolérance des autorités, passe l'Isère à Châteauneuf, avec une compagnie de gens à cheval, et se rend au Mont-Calvaire. Il fait appeler Antoine Guérin, lieutenant du juge royal [1], qui lui apprend que les hérétiques sont au

---

qui, n'ayant pas eu d'enfant de sa femme Félise de Poterlat, laissa à l'Aumône générale de Romans, par son testament du 4 janvier 1564, une maison à la montée de Jacquemart, qui fut vendue le 31 mars 1593 pour le prix de 1001 écus, et un beau domaine, dit *les Gontiers,* sur la commune de Saint-Paul, qui fait encore partie de la dotation de l'hospice.

(1) La famille Guérin, qui, sous le nom de Tencin, a joui un moment d'une grande célébrité, a pour auteur un colporteur des Hautes-Alpes, qui vint s'établir à Romans au commencement du XVIe siècle. On voit encore les arceaux de son magasin dans le mur qui soutient le jardin de la maison Duvivier, rue Saint-Roch.

Antoine Guérin, docteur ès-lois, lieutenant en la judicature en 1559, juge royal en 1562, en remplacement d'Antoine de Garagnol, son beau-père. Zélé catholique, royaliste fidèle, il montra du dévouement et de la résolution pendant les guerres civiles. En récompense, Henri III lui accorda, au mois d'octobre 1581, des lettres de noblesse, qui furent confirmées en 1602. Il avait, dans la rue Conquiers, une belle habitation, qui est en partie occupée de nos jours par les Dames de Bon-Secours. Il eut de Françoise de Garagnol 1° Henri-Antoine, dont il sera fait mention; 2° Laurence, qui fut religieuse dans l'abbaye de Saint-Just; et 3° Justine, qui fut la femme de Pierre Bochard, lieutenant au baillage de Saint-Marcellin.

prêche. Ce seigneur se fait conduire à la maison où se tient l'assemblée, dans le dessein d'y mettre le feu; mais, avertis, les disciples de Calvin s'évadent par une porte secrète. La maison fut ruinée et La Motte-Gondrin retourna à Valence.

La chambre des vacations du parlement écrit aux consuls d'empêcher les assemblées, à peine de leur propre vie. Ils représentèrent que, n'ayant pas la permission de porter les armes, on voulût bien leur prescrire la conduite qu'ils avaient à tenir.

11 novembre. — La Motte-Gondrin vient à Romans, où il est reçu avec les honneurs dus à son rang de lieutenant général de la province. Il séjourne dans cette ville jusqu'au 21 du mois de janvier.

1562

21 janvier. — Le F. Antoine Tasche, gardien du couvent des Cordeliers, écrit aux consuls pour les avertir qu'il a été menacé par « certains séditieux, turbulents, gens de bas état et infâme condition, » que, cette nuit, ils s'empareraient du couvent, que l'on mettrait dehors lui et les Frères religieux; qu'ils avaient frappé un nommé Jean, frère lai, et troublé les offices en venant dans l'église battre du tambourin. Il requiert MM. les consuls de leur vouloir envoyer des gens pour les garder et fournir des armes pour résister aux entreprises dont ils étaient menacés, et de tenir en sûreté leurs meubles et joyaux.

Le conseil conclut que « le sieur Servonnet, consul [1], se retirera par devers le gardien et lui fera réponse qu'il prendra volontiers, comme consul, les meubles et joyaux et lui en baillera acquit pour en après être remis céans. Quant à lui fournir des armes, que par les édits le port des armes est prohibé à toutes manières de gens, n'empêchant que pour sa sûreté

---

(1) Pierre Servonnet, marchand, marié à Élisabeth du Soleil.

ledit gardien ne se fasse fort de tels personnages qu'il voudra élire et choisir. »

23 janvier. — La hardiesse des rebelles en vint au point d'aller assaillir le lieutenant général La Motte-Gondrin au logement qu'il occupait dans la maison habitée par M. de Vinay, gouverneur de la ville. Voici le récit d'un contemporain [1] :

« M. de La Motte-Gondrin fit appeler un jour quelques-uns de ceux qu'on soupçonnoit avoir du pouvoir sur le peuple pour l'ameuter. Aussitôt le bruit courut dans la ville qu'on avoit de mauvais desseins contre eux. En peu de temps il s'assemble, autour de la maison de M. de La Motte-Gondrin, cinq à six cents huguenots, faisant un grand tumulte. Ce seigneur sortit et demanda ce qu'ils désiroient. Quelqu'un de la troupe commença à tirer des pierres contre lui et ses gens. Ces premières pierres furent suivies d'une infinité d'autres, qui blessèrent quelques gentilshommes de la suite de M. de Gondrin. Lui-même fut rudement frappé.... Il s'ôte promptement de l'émotion et se resserre quelque temps dans son logis, et puis, le même jour, monte à cheval avec ses gens et s'en retourne à Valence. »

Le corps de la ville, immédiatement assemblé, déclare qu'il est « grandement déplaisant et marri des troubles, scandale et désordre advenus dans la ville. » Il requiert le procureur du roi d'en faire information et poursuite pour la vérification et punition dudit délit. Il prie M. de Veaunes d'aller faire les excuses de la ville audit seigneur, et de lui faire entendre que les turbulents ne sont ni domiciliés, ni connus.

26 janvier. — Le capitaine Boulogne, gentilhomme de la maison de M. de La Motte-Gondrin, vient de la part de

---

[1] M. de Beauséjour, qui possédait la propriété sur laquelle a été construite l'abbaye de Saint-Just.

celui-ci donner l'assurance qu'il veut « traiter humainement la ville et faire rendre justice, garder les bons de l'oppression des mauvais, pourvu que la ville se mette en devoir de faire prendre des informations de l'émotion, agression et sédition commise, et faire punir les délinquants. »

Il est répondu que la ville remerciait très-humblement ledit seigneur de sa bonne volonté, et qu'elle ferait tout son possible pour connaître et faire punir les coupables. Elle nomme, pour en informer, MM. Antoine Guérin, lieutenant du juge, et Michel Thomé, procureur du roi [1].

3 février. — Le procureur du roi fait connaître à l'assemblée de la ville le rapport qu'il a adressé à Grenoble. Il annonce que le parlement a envoyé une commission pour informer sur le fait de la sédition qui a eu lieu le 23 janvier dernier. Il prévient que la ville fera les frais, sauf à les répéter contre ceux qui seraient reconnus coupables. Enfin, sur la proposition du juge royal, l'assemblée désigne Michel Thomé pour aller en toute diligence défendre, auprès du roi et de son conseil, l'innocence de la ville de Romans.

Mars. — Les calvinistes, avant d'entrer au prêche, le jour des Rameaux, vont mettre le feu aux trois croix du Calvaire. La tradition rapporte qu'ils firent usage d'un feu *grégeois* qui

---

(1) La famille Thomé est une des plus anciennes familles de Romans. Elle a fourni des hommes distingués dans la magistrature et de bons citoyens. Une branche s'établit à Lyon.

Michel Thomé, fils de Romain, notaire et greffier de la cour commune, était seigneur de Sablière et coseigneur de Barcelonne, docteur en droit, avocat en la cour. Il montra beaucoup de fermeté dans ses fonctions de procureur du roi pendant des moments fort difficiles. Il occupa ensuite le siége de procureur du roi à Saint-Marcellin. Devenu conseiller au parlement par lettres du 30 novembre 1569, il vint à Romans le 12 mai 1579, au nom de Maugiron, lieutenant général du pays, pour apaiser les troubles; il fit un règlement à cette occasion. Il fût remplacé dans sa charge de procureur du roi à Saint-Marcellin par Jacques Thomé, docteur en droit, et décéda en 1586.

brûlait même la pierre. Le vibailli de Saint-Marcellin vint à Romans pour informer de ce sacrilége. Il commanda aux consuls de produire des témoins; mais ceux-ci répondirent que ce serait se rendre partie, et qu'au reste le fait s'était produit dans le ressort de Monteux.

25 mars. — Le consul Servonnet informe le conseil que, conformément à la délibération du 21 janvier dernier, « il a retiré du gardien du couvent des Cordeliers certains reliquaires et ornements d'église, desquels, comme consul, il s'est chargé et a baillé acquit audit gardien, et qu'il a remis au comptoir de la présente maison consulaire, et dont il demande à être déchargé. »

9 avril. — Les consuls portent à la connaissance du conseil que le second jour de Pâques dernier il s'est fait une assemblée de gens étrangers en la grange de Claude Mosnier, seigneur de Rochechinard [1], en laquelle prêcha un ministre conduit par le seigneur de Parnans. Ils concluent qu'il est urgent de mettre des gardes aux portes de la ville, pour en interdire l'entrée audit ministre, et de subroger, au lieu du sieur Gontier, l'un des quatre capitaines, Antoine Coste [2], qui choisira son lieutenant.

Avril. — La Motte-Gondrin revient à Romans. Il fait trancher la tête au ministre Duval. Il attire, par surprise, Louis Gay, châtelain de la Côte-Saint-André, le fait mourir et suspendre son cadavre aux fenêtres de son logis. Il rentre à Valence, où les soldats du baron des Adrets lui font subir la même mort, le 27 avril.

---

(1) Fils d'autre Claude, sergent à Rochechinard, qui acquit cette seigneurie en 1540. Il eut de Françoise Guerin un fils, nommé Romain.

(2) La famille Coste, qualifiée noble dès le XIV siècle, a fini par Jacques Coste, comte de Charmes, dont la sœur, Anne-Françoise, épousa Alexandre Béranger, seigneur du Gua. Antoine, fils d'autre Antoine et de Marguerite de Merveilloux, fut envoyé par la ville à Grenoble pour y saluer d'abord Laurent de Maugiron et après le duc de Mayenne. Il fut inhumé dans une chapelle de l'église des Cordeliers, qu'il avait fait réparer.

18 avril. — Le baron des Adrets dépêche un gentilhomme, qui, quoique arrivé sur le tard, va directement à la maison du premier consul pour lui signifier les ordres dudit baron. Le conseil n'ayant pas pu être réuni dans la soirée, il fut assemblé le lendemain. Aussitôt parut le député du baron des Adrets, accompagné de plusieurs séditieux, qui, se prévalant de l'étonnement qu'il avait produit, prit une plume et du papier et écrivit ce qui suit :

« Je, Gabriel de Cassard, ay commandement de M. des Adrets, gentilhomme de la chambre et lieutenant de M. de Guise au gouvernement de Dauphiné, de faire mettre les reliquaires de Saint-Barnard et des autres églises de cette ville de Romans entre les mains de MM. de la ville, pour en rendre compte, toutes fois et quantes qu'ils en seront requis par commandement du roi, aux personnes qui seront déléguées par Sa Majesté, et commandement de prendre les armes qui seront trouvées aux maisons de ceux qui ne sont pas de l'église nouvellement réformée, et autres armes que je trouverai, de m'en saisir pour le service du roi, comme la nécessité nous presse pour aller tirer notre roi et la reine-mère hors de prison, et que les clefs des portes de la ville soient baillées entre les mains de deux consuls, et qu'il veut que l'on fasse le prêche aux Cordeliers. »

MM. de la ville répondent que là où il apparaîtrait en bonne forme de la commission de M. de Cassard et du pouvoir allégué du sieur des Adrets, l'on suivrait la volonté du roi en s'en tenant à ses édits.

A son tour, M. Michel Thomé, procureur du roi, remontra que, par les édits du roi et la police observée dans la ville de Romans, les gens de la religion prétendue, pour lesquels ledit sieur de Cassard dit parler, n'ont aucun sujet de se plaindre lorsqu'il leur est loisible de s'assembler hors de la ville ; ce n'est pas à eux à faire de telles demandes, ajoute-t-il, et il somme ledit sieur de Cassard et ceux de sa suite d'observer les édits et commandement du roi et de ne rien entreprendre sur les magistrats et officiers de Romans. A quoi ledit sieur de Cassard répondit qu'il ne voulait point diminuer l'autorité de la justice, mais qu'il fallait que ce qu'il avait proposé se fît. Le sieur Thomé et les gens de l'assemblée soutinrent, au contraire, qu'ils ne le feraient pas, et le conseil se retira.

1ᵉʳ mai. — Considérant les troubles et désordres qui arrivent dans la ville par des hommes armés qui cherchent à intimider les gens de justice, et le départ de M. de Vinay, gouverneur de Romans, l'assemblée, sur la proposition de M. Thomé, procureur du roi, décide que M. Gaspard Jomaron [1], deuxième consul, ira trouver M. Ennemond Odde [2], seigneur de Triors, « voysin et singulier amy de la communauté, pour le prier de prendre la charge de la tuition de la ville et ordonner tel règlement de police qu'il conviendra pour le repos et la tranquillité du public, le tout sous le bon plaisir du roi et de la cour du parlement. »

2 mai. — M. de Triors vient à Romans et déclare à l'assemblée que de tout temps il a porté bonne volonté à ladite ville, et qu'il la défendra de tout son pouvoir, acceptant la charge qu'on lui a offerte.

---

(1) Plusieurs fois consul et député de la ville vers le duc de Mayenne. Le 17 février 1580, il fut arrêté à Grenoble et enfermé à la Portetraine, à la requête de M. de Blanier, comme caution d'une dette de 2,000 liv. de la ville de Romans ; il fut mis en liberté sous la garantie de M. du Vache. Il devint, en juillet 1591, conseiller du roi, contrôleur des guerres et des finances en Dauphiné. Par lettres patentes du 24 novembre 1592, le roi lui accorda les mêmes exemptions que les nobles ; au reste, il fut anobli par lettres patentes du mois d'août 1603, Il laissa de Suzanne du Chastel deux fils, Jean et Ennemond.

(2) La seigneurie de Triors fut achetée le 2 octobre 1515, devant M.ᵉ Lacombe, notaire de Saint-Marcellin, par noble Jean Odde à Charles de Chaste, moyennant 907 florins et 306 écus d'or. Ennemond était fils d'Abraham Odde. Il mourut en 1572, laissant à lui survivant Gabriel, Claude, Jean, Humbert, Marc-Antoine, Abraham, Daniel, Antoinette, Gabrielle et Charlotte, ses enfants, héritiers de feu noble Jean par portions égales. Cette succession comprenait des biens assez considérables à Saint-Nazaire.

Cette nomination fut approuvée par le baron des Adrets et homologuée par le parlement. La ville pourvut de tout son nouveau gouverneur et mit 300 hommes sous ses ordres.

4 mai. — M. de Triors informe les consuls qu'il lui a été commandé de se saisir des reliquaires des églises de cette ville, d'en faire faire inventaire et de les remettre sous la garde des autorités municipales (les gens d'église, dit-il, ayant peu de moyens de les garder) et jusqu'à ce qu'il en soit autrement ordonné par le roi.

Les consuls consentirent dans ces termes à se charger des reliquaires des églises et à les remettre dans le *comptoir* de la maison consulaire.

7 mai. — « Les consuls exposent que, suivant la conclusion des gens du conseil ordinaire de cette ville et commandement de par le roi qui leur a été fait, ils ont retiré en la maison consulaire les joyaux et reliquaires de l'église de Saint-Barnard, exprimés dans l'inventaire qui en a été fait par le secrétaire du chapitre et celui de la ville [1], en présence et assistance du sieur de Triors et des chanoines et autres habitués de l'église, pour la

---

(1) Denis Mahé, notaire et secrétaire de la ville dès 1511, épousa Marguerite Anglancière, qui lui donna une fille et un fils : 1° Loïse, qui figura le personnage de *Liesse*, sur une estrade élevée sur la place de la Fontaine-Couverte, à l'occasion de l'arrivée à Romans, le 28 novembre 1533, de François de Bourbon, gouverneur du Dauphiné ; 2° Antoine, aussi notaire et secrétaire de la ville. Il eut une fille, nommée Denise, née le 16 février 1533, dont la grande beauté inspira « un amour pur, spirituel et platonique » à un gentilhomme charolois, Guillaume des Autelz, alors qu'il étudiait le droit dans l'Université de Valence. Il célébra la personne qu'il adorait dans une centaine de sonnets, dont le dernier est un *Adieu à sa sainte et à ses amis de Romans*. Le tout forme un recueil petit in-12, de 88 feuillets non chiffrés, achevé d'imprimer le XV juin MDLIII, à Lyon, par Jean Temporal, sous le titre d'*Amoureux repos de Guillaume des Autelz*, avec un double frontispice contenant le portrait de l'auteur et celui de l'héroïne.

Guillaume des Autelz a en outre produit un nombre considérable d'écrits en vers et en prose, « qu'on perd peu à ne point lire, » dont on trouve l'énumération dans la *Bibliothèque françoise* de l'abbé Goujet, Paris, 1748, t. XII, p. 343.

sûreté d'iceux et pour le peu de moyens qu'avaient lesdits chanoines de les garder. »

L'assemblée agrée et approuve ce qu'ont fait les consuls.

16 mai. Les religieux du couvent des Cordeliers et ceux du Mont-Calvaire ayant quitté leurs maisons, où ils étaient chaque jour molestés et menacés, l'assemblée décide que les consuls nommeront des personnes pour veiller à la conservation des biens desdits couvents et en feront faire un inventaire.

18 mai. — M. de Triors représente que ceux de l'église réformée de cette ville ont souffert pour la poursuite de l'établissement de leur religion de grands frais et d'insupportables charges, dont ils demandent à être remboursés.

L'assemblée municipale répond que, pour obéir aux ordres du roi, les habitants de cette ville, de l'une et de l'autre religion, ne feront qu'un corps et supporteront les mêmes charges en commun ; que les consuls feront rembourser sur les premières tailles le prix des armes, à mesure que ceux de la religion en feront la remise dans l'arsenal de la ville, et que, quant aux autres pertes, comme chacun en a essuyé, il n'y a pas lieu à indemnité.

23 mai. — Dans l'assemblée générale de la ville, neuf députés du consistoire présentent les demandes suivantes :

« 1. Premièrement, qu'on mette sur tout le corps de la ville une cote générale pour satisfaire à ce qui sera nécessaire, tant pour la subvention promise au roi par ceux de ladite église, que pour l'entretenement des ministres, tant du passé que pour l'avenir. (R. Il a été pourvu à cet article par l'assemblée.)

» 2. Item, pour payer le reste des armes que ceux de ladite religion ont fait venir de Lyon, et ce faisant, ils les bailleront à la ville. (R. Comme précédemment.)

» 3. Item, que les sieurs consuls seront tenus incontinent faire faire les bancs et autres choses nécessaires aux temples de Saint-Barnard et des Cordeliers, selon qu'il sera ordonné par le consistoire de ladite église. (R. Renvoyé à Messieurs les chanoines.)

» 4. Item, qu'ils seront tenus passer les contrats des fermes ou apprentissages des Cordeliers qu'on a mis à maîtres pour apprendre métier, et payer ce qui sera requis à ce. (R. Qu'on leur baille argent pour se retirer.)

» 5. Item, qu'ils seront tenus fournir argent ce que sera nécessaire pour la nourriture des petits enfants orphelins de feu Jean Solier, dit Fusonat. (R. Accordé, pourvu qu'ils fassent du revenu des hôpitaux. Renvoyé au courrier.)

» 6. Item, qu'ils seront tenus payer les journées de ceux qui ont gardé la maison des Cordeliers, bailler le bien en arrentement, à la charge que si aucune chose dépérit ce sera à eux de rendre compte. (R. Accordé, pourvu qu'il se fasse du revenu dudit couvent.)

» 7. Item, qu'ils seront tenus payer au sieur Jacques Guillaud ce qui lui est dû et qu'il a fourni pour les affaires de ladite église. (R. Accordé, suivant la lettre dudit seigneur baron.)

» 8. Item, et pour satisfaire ce que dessus, ils pourront vendre les membres trouvés auxdits temples, comme treillis, fer, plomb, cuivre et autres choses ; prendre les deniers et revenus des confréries qui sont dans ladite ville, comme des Saints Étienne, Blaise, Crespin, Sébastien, Mathieu, Catherine, Notre-Dame de Mars, Saint-Esprit, Saint-Nicolas, Sainte-Foy, Saint-Claude et autres qui leur sont baillés par déclaration et cent livres qui sont dues aux Cordeliers par le sieur Louis Vallon, et retireront de Jacques Gordon et Séverin Poignard les treillis de fer qu'ils ont pris, le tout suivant la permission donnée pour ce faire par monseigneur le baron des Adrets. (R. L'article dépend de la volonté dudit seigneur baron des Adrets et missive écrite à M. de Triors.)

» 9. Item, qu'ils seront tenus ôter de l'Aumône générale aucuns qui ne méritent l'avoir et en y mettre d'autres plus nécessiteux qui veulent vivre suivant l'Évangile, et qu'en l'administration de ladite Aumône seront admis aucuns de ladite église, tel qu'il plaira nommer au consistoire. (R. Renvoyé au commis de ladite Aumône.)

» 10. Item, seront tenus de mettre aux portes de la ville des portiers fidèles à l'Évangile et ôter ceux qui y sont à présent. (R. Seront exhortés à faire leur devoir.)

» 11. Item, qu'ils seront tenus admettre et adjoindre à leur conseil certain petit nombre de ceux de ladite église, outre ceux qui y sont, sans l'aveu desquels on ne pourra rien faire, déterminer et conclure. (R. On ne peut rien innover au règlement de la cour.)

» 12. Item, semblablement qu'il sera loisible à ceux de ladite église de bailler un d'eux, tel qu'il leur plaira élire, pour être adjoint à leur secrétaire, pour écrire ensemble ce que sera proposé et arrêté aux petit et grand conseils, puis signé par tous deux. (R. Néant.)

» 13. Item, que l'aumône sera par les diacres de ladite église demandée, tous les dimanches aux portes des temples pour secourir les pauvres de la ville et les étrangers. (R. Accordé.)

» 14. Item, que les consuls demanderont à Messieurs de Saint-Barnard partie du revenu accoutumé bailler à leur manillier pour payer ceux qui sonnent les presches et la retraite. (R. Accordé.)

» Seront avertis les sieurs consuls qu'il leur est permis, de la part de monseigneur le baron des Adrets, de faire contribuer aux choses susdites. »

5 juin. — M. de Changy, gouverneur pour le roi à Valence, invite les consuls et le consistoire de Romans à lever, armer et acheminer le plus grand nombre de gens de pied possible, pour résister à l'ennemi, qui veut entrer dans ce pays du côté de la Provence. Une lettre de M. Claude Annet, commissaire du baron des Adrets, dit que la part de la ville dans l'impôt de 86 francs par feu est de 9,870 livres. Dans l'impossibilité de fournir une si forte somme, il est décidé que les consuls emprunteront 500 livres et lèveront 100 hommes.

9 juin. — Le baron des Adrets commande aux consuls de Romans de faire convertir en espèces 231 marcs d'argent en 20 lingots, provenant des reliquaires de Saint-Antoine et de Saint-

Marcellin. Il est répondu que la ville est dans l'impossibilité de faire frapper de la monnaie, l'atelier ayant été fermé par ordre du roi.

12 juin. — André de Morges, commissaire du baron des Adrets, se présente à l'assemblée de la ville, avec un ordre en date du 9 de ce mois, pour réclamer les reliquaires de Saint-Barnard et autres églises de cette ville. Les consuls déclarent qu'ils les détiennent par suite d'une remise à eux faite après inventaire par M. de Triors, commandant en cette ville, et qu'ils sont prêts à les rendre. Les chanoines, au nombre de cinq, MM. Ennemond Borel, Séverin Borel [1], François de Gottafred [2], Jean Veilheu [3] et Pierre Guérin [4], assistés de Charles Ruffaud, notaire et secrétaire du chapitre, disent qu'ils veulent obéir aux commandements du roi et de monseigneur le baron des Adrets, et qu'ils n'empêchent que ledit commissaire ne prenne lesdits reliquaires, suivant sa commission et pour le service du roi. Ces objets sont immédiatement remis et les consuls en sont déchargés [5].

---

(1) C'est chez ce chanoine, dans sa maison située rue de la Fontaine-Couverte, que les religieuses de Saint-Just-en-Royans vinrent se réfugier après la ruine de leur abbaye par les huguenots.

(2) La famille de Gottafred était une des plus anciennes et des plus riches de Romans et des plus considérables du pays. Elle s'allia aux Claveyson, aux Arces, aux Lapoype, aux Maugiron. Elle posséda les seigneuries du Molard, de Cognieu, de Mayolans, et s'éteignit vers la fin du XVIe siècle.

(3) La famille Veilheu a fourni à Romans des juges, des consuls et des chanoines.

(4) Il était frère d'Antoine Guérin, juge royal de Romans.

(5) N'ayant pas retrouvé l'inventaire des joyaux ravis aux églises et aux couvents de Romans par l'ordre du baron des Adrets, il est assez difficile d'apprécier la valeur exacte de cette spoliation. Nous savons seulement par une autre source que l'argenterie du couvent des Cordeliers et de celui du Mont-Calvaire montait, pour chacun d'eux, à environ 100 marcs. Quant à l'église de Saint-Barnard, outre les trois reliquaires ou châsses de saint Barnard, de saint Anitor et des trois martyrs, un inventaire plus ancien mentionne 39 articles donnant, pour les matières d'or, 4 marcs 7 onces, et pour celles d'argent, 163 marcs. Nous rappelons à ce sujet que le marc d'or valait 671 livres, et le marc d'argent 48 livres 13 sols.

15 juin. — Par ordre du baron des Adrets, M. de Suze, son commissaire à Saint-Marcellin, prescrit aux consuls de Romans de procéder à l'estimation et à la vente des biens ecclésiastiques et de ceux des Cordeliers de cette ville. On lui répond que la cour du parlement avait déjà remis ces biens aux mains des consuls, qui en étaient administrateurs et comptables et qui avaient nommé un receveur, Jacques Veilheu.

On publie à son de trompe que la recette des dîmes et revenus de l'église sera adjugée moyennant bonne et suffisante caution, lesquelles dîmes devront être payées comme par le passé.

16 juin. — M. de Triors ayant demandé une maison particulière pour y établir sa femme et son ménage, et en outre la solde de ses trois gardes, il est résolu qu'on lui offrira la *sacristie* [1] ou la maison de Georges Glaize, et qu'on donnera 10 sols par jour à chaque garde.

18 juin. — M. Claude Annet, gentilhomme du baron des Adrets, demande à la ville une somme de 2,000 livres, à compte de l'emprunt, pour payer les soldats de la compagnie de M. de Changy, qui étaient venus de Valence à Romans aux dépens des habitants. Malgré toutes les protestations, on fut obligé d'établir les rôles pour lever cet emprunt.

19 juin. — Sur l'ordre donné à M. de Manissieu [2] par le baron des Adrets, il est accordé à Ennemond Lacombe, « ministre de la parole de Dieu en cette ville, » une somme de 100 florins pour sa nourriture et son entretien.

---

(1) C'était une habitation d'agrément, avec jardin et fontaine, située dans les fossés de Saint-Nicolas, dont le sacristain de Saint-Barnard avait la jouissance. Le tout fut vendu, en 1797, pour 6,000 livres (en assignats), au profit de la Nation.

(2) Par suite d'une alliance avec la famille Lodot de Peyrins, les de Manissieu devinrent coseigneurs de la maladrerie de Voley. Connus à Romans dès le XIVe siècle, ils en disparaissent vers la fin du XVIe. Lors du passage dans cette ville, en 1533, de François Ier et du gouverneur de la province, Antoine de Manissieu, docteur en droit, prêta deux douzaines de plats d'étain pour le service de ces grands personnages.

22 juin. — Laurent de Maugiron se présente devant Romans. Il ne peut entrer. « Il y trouve visage de bois, pieds de fer et de feu. »

11 juillet. — Le baron des Adrets écrit à MM. de l'église réformée de faire prendre les armes à tous ceux de l'une et l'autre religion qui sont aptes, et de les acheminer vers Montélimar avec leurs ministres. Les consuls protestent contre cette levée et adressent leurs plaintes à M. de Triors.

17 juillet. — François Rey, de Valence, écrit aux consuls de Romans pour réclamer le blé ou sa valeur qu'il avait laissé en dépôt dans cette ville. Il lui est répondu que ce blé avait été pris par l'ordre du baron des Adrets, pour la nourriture de son camp et de la gendarmerie de passage.

22 juillet. — Les membres du consistoire écrivent aux consuls pour demander pourquoi on ne baille point au ministre Lacombe, pour sa nourriture et son entretien, les deniers provenant des confréries. Il est conclu que M. de Triors et M. de Veaunes se rendront à Valence pour prier M. le baron des Adrets d'avoir égard aux foules de la ville de Romans, et de se contenter d'employer, suivant les ordonnances, les revenus de l'église de Saint-Barnard pour l'entretien des ministres et de réserver pour le soulagement des pauvres le bien des confréries, dont l'Aumône générale ne peut se dessaisir [1].

1ᵉʳ août. — M. de Changy ordonne d'envoyer à Valence, pour travailler aux fortifications, un manouvrier par feu et une charrette par deux feux. Ce qui est refusé, parce que les hommes disponibles de la ville sont occupés à la réparation des murailles, et que les charrettes sont employées au service de l'artillerie.

15 août. — M. de Triors communique à l'assemblée la lettre suivante :

---

(1) Nous laissons au lecteur le soin peu difficile d'apprécier les moyens et le but des événements dont nous rapportons les actes, qui, comme dans toutes les révolutions, tendaient à procurer aux vainqueurs les moyens de vivre sur le revenu des autres.

« M. de Triors, pour ce que jay mandé l'arrière-ban et quil ny a beaucoup qui ne sont suffisants à porter les armes, vous les contraindrés à payer quelque somme d'argent pour payer d'autres. A cette cause, vous m'envoyerés un vingt hommes à cheval avec armes et en bon équipage, lesquels je payerai comme hommes d'armes ou archiers, selon leur qualité : et en cet endroit, après metre recommandé à votre bonne grace, je prie Dieu, M. de Triors, vous augmenter les siennes. De Valence, ce 13 août 1562. Votre entièrement bon ami et frère,

» LES ADRETS.

» Je donne charge à M. du Poyle les conduire et vous prie les faire haster tant qu'il sera possible, ou, à leur défaut, le capitaine Dugès.

» A M. M. de Triors, commandant pour le roi à Romans. »

2 octobre. — Après les rudes et nombreuses réquisitions levées par le baron des Adrets et d'autres chefs, et à l'occasion d'une nouvelle exigence de la part de Montbrun, qui réclamait une fourniture de drap pour habiller sa troupe, les consuls rendirent compte de la situation financière de la ville, qui, comme on devait s'y attendre, n'était pas brillante. Il n'y avait aucun denier en caisse ; les tailles n'étaient plus payées et l'on n'avait aucun moyen pour rembourser les emprunts échus. Ces magistrats demandèrent, probablement pour partager le fardeau de la responsabilité, qu'il leur fût adjoint des commissaires. On nomma à ce titre Jean Berger, Humbert Duboys, Jean Thomé, Augustin Lorette et Pierre Barletier.

1563

1er janvier. — Le baron des Adrets convoque à Romans une assemblée de notables, à laquelle il veut faire accepter la paix. Les articles en furent écrits par le conseiller Rémi, sous le bon plaisir du prince de Condé. Cette tentative n'aboutit pas, par l'influence des ministres, qui haïssaient la paix.

10 janvier. — Devenu suspect à son parti, le terrible baron des Adrets, si impitoyable envers les prêtres et les prisonniers désarmés, est arrêté sur l'ordre du prince de Condé par Montbrun, Cléry et Mouvans, à Romans, dans la rue Jacquemart, au moment où il sortait de l'hôpital de Sainte-Foy. Il se laisse saisir sans résistance par ses lieutenants, qui l'envoient à Valence et de là à Nîmes. Rendu à la liberté peu de temps après par le bénéfice de l'édit de paix d'Amboise, il fit, le 21 juin suivant, réclamer par le sieur de Charbonnières, membre du conseil politique de Valence [1], « quelque restitution et récompense de certains deniers qu'il dict luy avoir esté prins de ses coffres, *lhors quil fust faict prisonnier audict Romans durant les troubles* avec armes et chevaulx que aussi il avoit. Laquelle récompense et restitution il demande sur les villes de Valence Romans et Crest, et que, à ces fins, on lève un emprunt sur lesdites villes sans en répéter sur l'universel du pays.

» Conclut unanimement qu'on ne doit consentir, comme aussi l'on ne consent à aucun impôt, emprunt ni levée de deniers, et que si quelque chose a esté prins audict sieur des Adrets, ce na esté par le faict, advis et consentement de la ville, et que ceulx qui auront manqué aulcune chose de luy, luy en rendront compte. Laquelle responce et conclusion présente sera inthrimée audict conseil politique par M. de Valence et moy soussigné secrétaire [2]. »

Un arrêt du parlement, en date du 11 mai 1565, ordonna au sieur de Changy de restituer au baron des Adrets une somme de 2,311 livres 17 sols 6 deniers, trouvée dans ses coffres, et relaxa les consuls de Romans de toute garantie.

---

(1) Conseil souverain pour la direction des affaires importantes et composé de douze conseillers : trois de la noblesse, sept de la ville et deux des villages.

(2) Ennemond Ricol, notaire et longtemps secrétaire de la ville. Né en 1536, marié à Louise Odoard.

29 janvier. — Le baron de Vinay vient à Romans, envoyé par le duc de Nemours, pour traiter d'un accommodement avec Jacques de Crussol, seigneur d'Acier, qui avait été élu par la noblesse et le peuple à la place du baron des Adrets.

23 mars. — De l'Estang et des Adrets, au nom du parti catholique, bloquent Romans. La paix ayant été publiée, Geyssans entre dans cette ville pour le baron de Gordes, lieutenant général en Dauphiné. De Cardé et Saint-Romain en sortent avec leur troupe, composée d'étrangers. Il fallut employer la menace contre ces mercenaires et leur promettre une gratification.

Pierre Chissé de la Marcouse fut nommé gouverneur de Romans, « nul n'ayant été jugé plus capable d'y rétablir le bon ordre. »

25 mars. — M. de Rochechinard réclame une indemnité pour le loyer de sa maison, qui avait été occupée par M. de Triors pendant qu'il commandait la ville, et pour les dégâts commis dans ladite maison, dont toutes les vitres avaient été brisées. Les consuls sont invités à lui « accorder une récompense honnête. »

29 mars. — Pierre Barletier [1], élu second consul, le 25, n'étant point venu siéger en cette qualité, l'assemblée décida qu'il serait sommé de venir prêter serment et remplir sa charge de consul, et qu'en cas de refus il serait poursuivi par autorité de justice. Il s'excusa en disant qu'il ne pouvait pas vaquer à la place de consul, parce qu'il devait faire un voyage en cour à la suite du comte de Beauvais, et que, en outre, ne faisant aucun commerce, ni trafic de marchandises, il n'aurait pas dû être nommé deuxième consul. Néanmoins il accepta et remplit sa charge avec zèle et dévouement.

---

(1) D'une famille originaire de Miribel, où elle passait pour noble, et qui ajouta à son nom celui de La Girarde, Pierre Barletier avait été l'un des commissaires pour la réception de François Ier à Romans en 1533. Il devint seigneur d'Arthemonay.

29 mars. — MM. le procureur Thomé et Jean Boffin [1] rendent compte que, envoyés à Valence pour représenter au conseil politique que la ville de Romans ne pouvait supporter les charges et l'entretien de plusieurs compagnies de soldats, il a été décidé que, en attendant de pouvoir payer ces dépenses, on ferait dresser des étapes dans les mandements et lieux de Montelier, Charpey, Samson, Saint-Vincent, Combovin, Barbières et Peyrins.

5 avril. — Le conseil de la ville, ayant égard à la célébration du prochain mariage de M. Jonathas Vannier, ministre de l'église réformée, conclut de lui accorder la gratification « d'une robe honnête, telle que MM. les consuls verront luy estre très duizante, » et de le loger à l'hôpital de Sainte-Foy, dans l'appartement du dom recteur, après y avoir fait faire les appropriations nécessaires.

Sur la demande des commis de l'Aumône générale et la proposition des consuls, l'assemblée décide que l'on affermera, par voie d'enchères, l'hôpital du Colombier [2] et les droits accoutumés sur les mariés revenant à l'abbaye de Malgouvert [3].

---

(1) Frère de Romanet Boffin, le fondateur du Calvaire de Romans, il était sieur de la maison forte du Vivier, notaire et chargé de plusieurs greffes. Il fut deux fois consul et souvent employé aux affaires de la ville, et enfin substitut du procureur du roi. Le 30 août 1564, il demanda à l'assemblée générale la permission de se retirer avec sa femme, qui était malade (la peste régnait alors), au couvent du Mont-Calvaire, proche de sa maison, « pour estre en lieu commode et aéré. »

(2) Cet établissement, qui datait du commencement du XIVe siècle, était situé à la Ville neuve et avait servi principalement pour les pestiférés. Le terrain avait été cédé par l'hôpital de Sainte-Foy; il fut agrandi en 1505 par l'acquisition d'un jardin, qui fut converti en cimetière. La ville vendit le tout le 15 octobre 1547 à Hector Fromel, pour le prix de 34 florins de pension. C'est le recouvrement des rentes constituant cette pension qu'il s'agissait d'affermer dans la délibération qu'on vient de relater.

(3) L'abbaye de Malgouvert, Maugouvert, Bougouvert était une société assez

9 avril. — Les anciens du consistoire de Valence écrivent à ceux de Romans une lettre ainsi conçue :

« Messieurs et frères, nous avons écrit à Monseigneur de Crussol un mot de lettre contenant deux points : c'est que nous craignions que le s^r de Maugiron par le traité de la paix ne fût installé en la lieutenance de ce païs, et le parlement rétabli, et pour ce que l'un et l'autre seroient très pernicieux à tout le païs, et à mieux dire la ruine totale des églises, nous avons prié ledit seigneur, s'il le trouvait expédient, d'envoyer à la cour pour informer le roi et monseigneur le prince des choses susdites. Par quoi se approuverés ce qu'avons fait, nous vous prions de faire le semblable de votre part et le plus diligemment que sera possible, afin que nous soyons prévenus, vous avertissant aussi que le sinode est signifié au quatorzième de ce mois, afin que vous le fassiez sçavoir à vos collègues, et, si le treuvés bon, prier un gentilhomme qui seroit élu de la noblesse le chacun colloque pour y assister. En cet endroit, Messieurs et frères, nous nous recommanderons à vos bonnes graces et saintes prières. A Valence, ce 5 avril 1563. Vos humbles frères, les anciens du consistoire de Valence, et au nom d'iceux,

» A. Crossard, secrétaire. »

---

difficile à définir : à la fois religieuse et galante, bienfaisante et joyeuse, en tous cas plus sérieuse qu'on ne l'a cru. Elle dotait des jeunes filles, venait au secours des couvents et de la ville elle-même, payait le prédicateur de carême, distribuait des écharpes de soie aux dames les plus distinguées, et avec ses violons et ses tambours donnait des aubades aux autorités et aux nouveaux mariés, et faisait danser ses novices au bal des chambrières, etc. Composée des plus notables de la ville, cette société était sous l'autorité des consuls, qui nommaient l'abbé et recevaient ses comptes ; les curés la favorisaient. Son but principal paraît avoir été de conserver la sainteté des liens du mariage. Elle percevait un tribut de deux pour cent sur les veurchères (dots) des veuves qui se remariaient. Ce revenu, que l'on se proposait de mettre à l'enchère, s'éleva en 1605 à 562 livres 11 sols, pour 75 mariages taxés. L'abbaye de Malgouvert fut supprimée en 1671.

« Il a été résolu que le consul François Joffrey se transporterait à Valence, pour prier le comte de Crussol de demander au roi et à son conseil « toutes choses requises pour le bien, repos, pacification et soulagement de cedit païs, et singulièrement l'administration de la justice. »

10 avril. — Sur la crainte qu'on enlevât les cloches des églises de Saint-Nicolas, de Saint-Romain et de Sainte-Foy, dont les battants avaient déjà été dérobés par des soldats, les consuls ordonnent de descendre ces cloches et de les mettre en sûreté.

17 avril. — Le comte de Crussol annonce la paix par la lettre suivante :

« Messieurs, m'ayant le roi, la reine sa mère, M. le prince de Condé fait entendre comme après tant de misères et de calamités il avoit plu à Dieu faire la grâce à ce pauvre royaume de le réunir en bonne paix, et qu'à cet effet ils envoyent de par deçà un gentilhomme pour faire entendre à un chacun les volontés et intentions de Leurs Majestés, il m'a semblé bon de vous faire convoquer au vingtième de ce mois, auquel temps j'estime qu'il sera arrivé de par deçà, pour étant icy assemblés entendre de lui le fait de sa charge. A cette cause, je vous prie bien fort de députer et envoyer ici des plus suffisants et expérimentés personnages que vous ayez entre vous pour se trouver à ladite assemblée. A tant, je prie Dieu vous maintenir en sa sainte et digne garde. De Valence, ce 12 avril 1563.

» Votre meilleur amy,

» CRUSSOL. »

Le conseil désigne pour cette mission MM. Guillaume Reynaud [1], premier consul, et Jean de Solignac.

---

(1) Guillaume Reynaud était docteur en médecine. Il fut, comme on le voit, premier consul et député par la ville aux États convoqués à Montélimar, en 1563. Il devint en 1567 procureur des pauvres, emploi alors fort honorable.

9 mai. — M. de Changy, gouverneur de Valence, et M. de Charbonneau, accompagnés du capitaine Baron, commandant la ville de Romans, se présentent devant l'assemblée, se disant chargés par le conseil politique d'une lettre aux fins d'avertir les consuls de prendre garde et d'éviter toute surprise, et dans ce but d'entretenir une compagnie de 100 à 120 hommes, en attendant les ordres de la cour ou l'arrivée de M. le maréchal de Vieilleville. L'assemblée refuse de faire cette nouvelle dépense et décide que les gardes des portes seront faites par les habitants, et ajoute sa protestation banale et habituelle, qui, paraît-il, était de mise en toute circonstance, savoir : d'obéissance pour le service de Dieu et du roi, de respect pour le parlement, pour le gouverneur et pour les édits de pacification, etc.

12 mai. — Les consuls font connaître au conseil que le commandant de la ville a fait entrer la compagnie de M. de Charbonnières, pour laquelle il demande le logement. Il est conclu qu'on ne doit pas recevoir ladite compagnie sans l'ordre de Mgr le comte de Crussol, protecteur pour le roi de ce pays de Dauphiné, et qu'on offrira au commandant de la ville vingt hommes de garde chaque jour.

12 mai. — Antoine Garagnol ayant demandé à être exempté des tailles, à cause des charges et pertes qu'il a essuyées par suite d'emprunts et de logement des gens de guerre, il lui est répondu : « On ne le peult accorder, d'aultant moins qu'il n'y a despuis le plus grand jusqu'au plus petit de la ville qui n'aye supporté foule insupportable, sans avoir reçu aucune récompense et ayant espérance d'icelle. »

18 mai. — MM. de Changy et Charbonneau, Ducros et autres du conseil politique viennent de nouveau avertir les consuls qu'il est plus que jamais nécessaire de veiller à la garde de leur ville, d'autant qu'il y a un grand nombre d'Italiens près de Vienne, et que, pour éviter toute surprise, il serait utile d'entretenir pendant quelques jours une compagnie de 200 à 250 hommes.

21 mai. — Sur les excitations des précédents, plusieurs malintentionnés se réunissent en armes pour venir sommer le gouverneur de lever une compagnie aux dépens de la ville. Les consuls, pour éviter plus grand mal, consentent à mettre à la disposition du gouverneur une compagnie de 80 hommes, à qui on accordera à chacun une paye de trois livres par semaine.

26 mai. — Le comte de Crussol écrit aux consuls pour que la ville ait à obéir aux ordres du conseil politique et à lui porter respect.

30 mai. — Une délibération du consistoire reconnaît que quatre ministres de la Parole de Dieu sont nécessaires pour le service de la ville [1]. Jean Thiersand étant venu de Genève à Romans, avec sa femme et plusieurs enfants, le consistoire requiert la ville de lui fournir une habitation et quelques moyens d'entretien sur les revenus de l'église romaine. Il est, en outre, arrêté que la ville fournira le pain et le vin pour la sainte cène.

M. de Triors, ancien gouverneur de Romans, demande l'arrêt de ses comptes. En reconnaissance des services rendus à la ville, il lui est accordé 60 livres par mois pour le temps de l'exercice de sa charge ; mais on ne lui permet pas d'enlever la table de marbre du grand autel de l'église de Saint-Barnard, à lui donnée, disait-il, par le baron des Adrets.

19 juin. — L'assemblée, au nom de la communauté de Romans, passe procuration à M. Michel Thomé, procureur du roi, et à ceux qui lui seront adjoints, « pour se présenter devant le roi, la reine sa mère et les seigneurs de son conseil privé, et faire déclaration que, pendant les troubles, les habitants n'ont fait aucune chose que pour le service de Sa Majesté, et qu'ils lui porteront l'honneur et l'obéissance que doivent de fidèles sujets ; et prier le roi, la reine et les seigneurs du conseil privé de vouloir bien, suivant la déclaration des édits de pacification, remettre et rétablir Mgr de Clermont en l'état de lieutenant général dans ce pays, en l'absence de Mgr le prince de la Roche-sur-Yon, gouverneur du Dauphiné. »

---

(1) Ces ministres, tous étrangers à la localité, se nommaient : Ennemond Lacombe, Séverin Borrel, Jonathas Vanaier et Jean Thiersand.

1ᵉʳ juillet. — Une députation, composée des consuls et d'élus du consistoire, est envoyée aux chanoines de Saint-Barnard, à présent rétablis, pour obtenir sur leurs revenus l'entretien des ministres de l'église réformée et celui du maître d'école, suivant l'ordonnance d'Orléans.

4 juillet. — L'assemblée donne une procuration notariée, passée devant Mᵉ Antoine Guérin, lieutenant au siége royal, au premier consul pour se présenter devant le roi, la reine sa mère et le maréchal de Vieilleville, lieutenant général pour Sa Majesté, à l'effet de requérir et faire octroyer aux habitants de Romans, « pour l'exercice de la religion selon la pureté de l'Évangile, deux des temples de leur ville pour y invoquer le nom de Dieu et prier pour l'entretènement de l'Estat de Sadite Majesté ».

15 juillet. — « M. le juge Guérin informe le conseil comme ce matin Mgr de Bressieu lui a commandé de faire remontrance de l'observation de l'édit de la paix espécialement en ce qui concerne la liberté de conscience. »

La même recommandation est faite aux prêtres et au chapitre de Saint-Barnard, lesquels répondent qu'ils veulent obéir aux édits du roi et vivre en paix avec tout le monde.

Les consuls déclarent « qu'ils ne veulent aucunement prendre les prêtres en protection et sauvegarde, leur promettant toutefois toute dilection et fraternité affectueuse ».

17 juillet. — M. de Triors, qui a repris le commandement de la ville, demande que M. de Veaune lui soit adjoint et puisse le remplacer lorsqu'il s'absentera. Il réclame une maison pour se loger. Les consuls lui demandent les clefs de la ville, suivant leurs priviléges. Ils lui offrent un logis à l'hôtel des Trois-Rois, pour le peu de temps qu'il va passer, et un traitement à raison de 60 livres par mois.

Dans la même séance on lit une lettre du sieur des Adrets, par laquelle il prie MM. les consuls ou l'un d'eux de se trouver à la reddition de ses comptes, le 22 de ce mois.

18 août. — A l'occasion du passage du comte de Crussol, qui avait été élu à Valence, par l'assemblée des trois ordres, lieutenant général de la province, il est arrêté qu'on lui fera toutes les honnêtetés possibles, qu'on lui offrira le meilleur vin qu'on pourra trouver et qu'on le logera honorablement ainsi que sa suite.

19 août. — Les consuls reçoivent une lettre du greffier Boffin, annonçant l'arrivée prochaine à Romans des commissaires du roi chargés de faire observer les édits de pacification.

22 août. — « Proposé par MM. les consuls comme jeudy, après avoir receu quelques lettres et avertissements de Grenoble, comme bientôt Mgr de Bressieu et Mgr de La Madeleine, conseiller du roi en son grand conseil, étant audit Grenoble, y auroient fait dire la messe, suivant l'édit de Sa Majesté sur la pacification des troubles, et que bientôt ils doivent venir en cette ville pour faire observer ledit édit, et que présupposant que de même en feront-ils et commanderont comme audit Grenoble. De même ils communiquent lesdites lettres à Messieurs les ministres et consistoire dudit Romans, aux fins d'exhorter un chacun de se contenir en toute modestie et que ledit cas advenant qu'on voulût faire dire la messe en cette ville, que n'y advînt trouble, émotion et contravention auxdits édits, à laquelle assemblée d'iceux dudit consistoire fut prise délibération qu'à ces fins étoit requis faire une générale assemblée céans tant des gens du conseil que des anciens et surveillants dudit consistoire et église réformée, portant sur la réponse et contenance nécessaire au cas de l'introduction de ladite messe, prendre quelque bonne résolution et délibération et contenir le peuple en paix..... »

30 août. — Le chapitre de Saint-Barnard présente à M. de Bressieu une requête tendant à se faire restituer les biens et revenus des *grands anniversaires et de la table*, détenus par quatre fermiers. Le lieutenant général ordonne au juge et aux consuls de Romans, conformément à l'édit de pacification, de faire restituer au chapitre les biens dont il jouissait avant les troubles.

30 septembre. — En la maison consulaire de Romans, devant Mgr de Bressieu, lieutenant général, MM. de la Madeleine et de Bauquemare, conseillers du roi, commissaires députés par Sa Majesté pour l'observation de l'édit de paix, se sont réunis les consuls, les membres du conseil général, ceux du consistoire et autres notables de la ville. Lesdits commissaires ont remontré que, conformément à l'édit, il est prescrit de restituer les temples et autres biens ayant appartenu à ceux de l'église romaine, et qu'il convient de choisir, « dans l'une et l'autre religion, six personnages notables et expérimentés, outre les officiers de justice et consuls, pour ensemblement convenir des affaires qu'ils pourroient avoir à faire concernant l'une partie et l'autre ».

La pluralité des suffrages se porte sur Jean de Solignac, écuyer, Ennemond Lacombe, ministre de la Parole de Dieu[1], Jean de Gillier[2], François Reynaud[3], et François Soffrey, « auxquels ladite assemblée unanimement a, par ce, donné plein pouvoir et puissance de requérir, traiter, convenir, rapporter, accorder toutes les affaires et choses nécessaires concernant le service de Dieu et du roy, le repos, union, tranquillité et paci-

---

(1) Ennemond Lacombe était un ancien Carme, qui cherchait par des excès de zèle à faire oublier son passé. Ministre éloquent, chef actif et influent du parti de la Réforme dans Romans, il obligeait les autorités à compter avec lui. Cédant à sa passion pour la propagande armée, il suivit les bandes protestantes dans le Midi. Fait prisonnier à Seyne, il fut pendu à Secconer par ordre de l'impitoyable duc d'Épernon, en 1586.

(2) Il descendait de Philippe Gillier, trésorier général du Dauphiné en 1350, et de Guyot, son fils, seigneur de Forges, général des finances, qui, le premier de la famille, vint, en 1389, se fixer à Romans, où il mourut. Jean de Gillier, bourgeois, fut plusieurs fois premier consul et député aux États de la province et pour les intérêts de la ville. Il logea dans sa maison de hauts personnages, au grand détriment de ses meubles; ce dont il se plaignit, et ce qui lui valut comme dédommagement l'exemption des tailles. Il acquit, en 1576, de Claret, pour 336 florins, le molard de Luppé sur Génissieu, où plus tard la famille fit construire un château. Il avait épousé, le 13 octobre 1546, Madeleine Vachet, fille de Juvenal, sieur de Sigottier, dont il eut sept enfants.

(3) François Reynaud, docteur en droit, fut conseiller au parlement par lettres du 11 janvier 1574 et mourut en 1599.

fication du peuple et l'observation des édits de Sa Majesté, y procéder tout ainsi qu'ils verront. »

11 octobre. — Pour obvier aux querelles et débats qui surviennent journellement dans Romans, à l'occasion de l'exercice de l'une et l'autre religion, le maréchal de Vieilleville, lieutenant général pour le roi en Lyonnais, Dauphiné, Provence et Languedoc, enjoint aux juge et consuls de Romans de désigner trente personnes pour la pacification de ladite ville et pour l'exécution des édits du roi ; et, sur les plaintes contre le courrier, qui néglige ses fonctions, on désigne à sa place Jean du Poyle, auquel on donne vingt agents, stipendiés par la ville, pour exercer une exacte police.

15 octobre. — Dans l'assemblée où avaient été invités les membres du chapitre restés à Romans, les administrateurs de la ville cherchent à se disculper des torts faits à l'église. « Il y avait deux ministres qui tenaient le haut bout et des protestants en telle quantité que la chambre était plus que mi-partie. »

12 novembre. — Sur une requête de Guillaume Micha, maître de chœur, et des autres chanoines du chapitre de Saint-Barnard, le baron de Bressieu, lieutenant du maréchal de Vieilleville, commet et délègue Antoine Guérin, lieutenant du juge de Romans, pour « procéder aux informations et visitations des ruines, démolitions et pilleries faites dans les églises et hôpitaux de ladite ville depuis l'édit de pacification. »

Du 12 novembre 1563 jusqu'au 20 juillet de l'année suivante, ce magistrat, assisté de M. Ponson du Vache, substitut du procureur du roi, visita les lieux désignés, constata les actes dénoncés et entendit les dépositions de vingt témoins [1].

---

(1) Ces dépositions, sauf quelques variantes, portent sur les mêmes faits ; nous nous bornons à reproduire celle qui paraît la plus complète.

« Du 3ᵉ jour du mois de janvier 1564.

» Item, honorable homme Bernardin Guigou, marchand de Romans, âgé de 66 ans, enquis moyennant serment, dit et dépose avoir vu l'église de Saint-Barnard auparavant les troubles derniers pour le fait de la religion, fermant de bonnes portes et ferrures, étant dans icelle une *turbine* de marbre sur douze

Dans les procès-verbaux de cette longue procédure on trouve en résumé les faits suivants :

Église de Saint-Barnard. Trois reliquaires couverts d'argent, joyaux, argenterie, chapes d'or, de velours et de soie, deux jeux d'orgues, une horloge, des grilles et des treillis de fer, cinq piliers, les uns de marbre, les autres de porphyre, avec un chœur joignant à ladite turbine, bien dressé, garni de siéges et histoires en bois de noyer et garnis de pourpitres et plusieurs beaux et bons livres, et au-dessus dudit chœur un grand *treillis* de fer, et un peu plus haut un *grand autel* de marbre d'une grande structure ; et au-dessus du grand autel, avec des *châsses* couvertes d'argent, appelées l'une *saint Barnard*, l'autre des *trois Doms* et l'autre de *saint Anitor*. Et, outre lesdits treillis, il a vu trois autres treillis de fer, l'un à la chapelle où l'on disait la première messe, l'autre à la chapelle de Saint-Denis et l'autre à une sépulture d'un évêque.

» Davantage dit avoir vu en icelle église deux pièces d'*orgues*, une grande et les autres moyennes, étant sur deux chapelles voûtées, appelées l'une de Notre-Dame et l'autre de Saint-Éloy.

» Aussi a vu dans ladite église des *vitres historiées* par toutes les fenêtres.

» Le *clocher* de ladite église bien garni de plusieurs bonnes *cloches*, tant grosses, moyennes que petites, avec aussi ladite église bien garnie de beaucoup et riches *habits*, comme chapes de velours, de damas et autres draps de soye de plusieurs couleurs.

» Pendant et durant lesquels troubles, les turbines, chœur, tour et autels de ladite église ont été rompus et démolis ; tous les treillis de fer enlevés, emportés, vendus, pesés, puis débités dans la boutique de Jacques Guillaud, marchand de Romans.

» Et, pour le regard des cloches et orgues, dit qu'elles ont été abattues et emportées, une partie en pièces et l'autre partie entières, en la maison consulaire de Romans.

« Et, dès le commencement du mois d'aoust dernier, dit bien sçavoir que les portes et vitres de ladite église furent enlevées, rompues et brisées, à sçavoir : les portes une nuit furent toutes jetées en la rivière de l'Isère, et les vitres en plein jour cassées et brisées, et le plomb enlevé.

» Et dit aussi avoir vu, au-dessus de ladite église, deux *éguilles* appelées à *l'heure neuve*, à la plus haute desquelles sa croix étoit dorée, laquelle a vue de plein jour abattre et tomber par Jean Temporal....,..

» Ainsi ay déposé

» B. Guigou. »

grosses cloches, une turbine de marbre supportée par douze colonnes, le grand autel et tous les autels des chapelles[1], les fonts de baptême, les bénitiers de marbre, portes, fenêtres, vitraux, stalles du chœur, toiture, croix dorée, serrures, archives, livres, papiers, le tout enlevé ou détruit.

Église de Saint-Romain. Découverte et partie des murs renversés, maison de cure dévastée, jardin rasé, puits comblé, ferrements et serrures enlevés.

Église de Saint-Nicolas. Entièrement ruinée, sans portes, sans fenêtres et sans cloches.

Église de Sainte-Foy. Sans couverture; portes, fenêtres, turbine, chapelle de Saint-Thomas démolies, cloches enlevées.

Chapelle de Notre-Dame sur le pont. Autels des deux chapelles superposées abattus, portes et fenêtres brisées.

Hôpital de Sainte-Foy. Armoiries du chapitre partout enlevées, provisions pillées, autel renversé.

Hôpital de Rebatte. Dans la chapelle, l'autel entièrement rasé. Dans les salles, tous les lits des pauvres dégarnis, hors quatre [2].

28 novembre. — Le premier consul Reynaud fut envoyé vers M. de Bressieu, qui se trouvait à Lyon. Pendant qu'il présentait les lettres d'excuses de la ville, M. d'Eybens arriva avec une missive où les chanoines de Romans se plaignaient des affronts faits aux prêtres par les huguenots, qui excitaient des tumultes lorsqu'ils voulaient faire le service divin. M. de Bressieu, qui avait bien accueilli M. Reynaud, en considération

---

(1) Ces chapelles portaient les noms suivants : de Saint-Jean, du Saint-Esprit, de Saint-Éloy, de Saint-Michel, de N.-D. des Os, de Sainte-Anne, de N.-D. de Grâce, de Saint-Pierre, de Saint-Barnard,

(2) Après de pareils faits, les mots « liberté de conscience » auraient dû, ce semble, ne plus être qu'une amère ironie. Il n'en fut rien; car on sait à quelles aberrations plus ou moins sincères peut conduire le parti-pris en histoire. Comme aussi les mêmes événements peuvent être diversement interprétés, soit par les impressions personnelles des contemporains, soit par les systèmes préconçus des modernes.

des bonnes nouvelles qu'il apportait, ayant lu la lettre des ecclésiastiques, changea de ton et fut sur le point de jouer un mauvais tour au consul. Il le menaça d'envoyer à Romans une forte garnison aux frais des habitants. A cette nouvelle, les consuls se hâtèrent d'envoyer MM. de Solignac et de Manissieu à Lyon pour calmer la colère du lieutenant général. Il est aussi conclu de requérir MM. du clergé de continuer leur service et de leur offrir main-forte et protection contre ceux qui les voudraient molester, et d'informer contre les auteurs des tumultes survenus les jours passés.

26 novembre. — Dans une nombreuse assemblée tenue à l'hôtel de ville, sous la présidence de Pierre Massis, docteur en droit, faisant les fonctions de juge, et l'assistance de Mathieu Arnaud, substitut du procureur du roi, de Jean du Poyle, courrier, et de membres représentant le conseil de la ville; étant convoqués au même lieu Séverin Borrel et Ennemond Lacombe, ministres de la Parole de Dieu en l'église réformée; aussi requis et appelés Guillaume Micha, maître de chœur, Guigues Veilheu, chanoine de l'église de Saint-Barnard, Jacques Menou et Charles Jomaron, prêtres habitués, Jérôme Barret, prêtre séculier;

Le premier consul a requis et sommé les membres du clergé de faire et continuer, suivant l'édit du roi, le service divin, comme ils faisaient avant les troubles, leur promettant toute aide, assistance et main-forte; leur demandant pourquoi ils avaient depuis quelque temps cessé leurs offices. Lesdits chanoines et prêtres déclarent avoir discontinué leur service à cause des troubles et tumultes faits par certains étrangers inconnus[1] et des enfants turbulents. Ils offrent de faire et conti-

---

(1) Sans doute ici, comme dans toutes les révolutions, parmi les plus séditieux se trouvaient des étrangers, gens sans responsabilité, qui n'avaient moralement ni matériellement rien à perdre. Mais il est évident aussi que dans leurs dépositions les témoins n'osaient pas dénoncer des compatriotes coupables et bien connus.

nuer leur service moyennant la promesse que leur fait la ville de les protéger et défendre. Et, sur-le-champ, lesdits chanoines et prêtres, accompagnés de toutes les personnes présentes, se rendent à l'église, où ils célèbrent paisiblement la messe. Plusieurs des assistants surveillent les portes et font des rondes autour de l'église pour empêcher aucun trouble de se produire.

26 novembre. — Le baron de Bressieu, lieutenant général, Jacques Philipeaux et Feysse de Bauquemare, commissaires du roi pour l'exécution des édits de paix, font une ordonnance pour la nomination des consuls et conseillers de l'assemblée de la ville de Romans et pour la tenue des séances. Les uns et les autres devaient être en nombre égal de l'une et l'autre religion.

1564

20 janvier. — MM. de La Madeleine et de Bauquemare, conseillers du roi et commissaires pour l'édit de pacification, se rendent à Romans et ordonnent d'assembler les notables de la ville pour procéder à la nomination des administrateurs de l'hôpital et de l'Aumône générale. Ils enjoignent aux chanoines de désigner de leur côté deux députés pour faire un nouvel inventaire. Les protestants se plaignent de l'insuffisance de ces mesures.

4 mai. — Des lettres patentes de Charles IX maintiennent les chanoines de Saint-Barnard en la possession des droits de percevoir des dîmes, cens, pensions et rentes suivant l'ancienne coutume.

7 juin. — L'église des Cordeliers ayant été rendue au culte catholique, les calvinistes établirent leur temple au quartier de la Ville neuve. Mais ce local était incommode. Sur la demande de leur syndic, Jean Magnat, ils obtinrent, pour la construction d'un nouveau temple, un emplacement communal situé aux vieux fossés des Terreaux, près de la place de Jacquemart.

2 juillet. — La peste s'étant déclarée et ayant fait des victimes à Lyon, Vienne, Chantemerle, Mercurol et autres lieux circonvoisins, il est prescrit d'exercer une grande surveillance aux portes de la ville, où des citoyens seront de garde, à tour de rôle et à peine de vingt sols d'amende. On nomme un capitaine de santé, un chirurgien, un apothicaire et des *galopins*, que l'on placera à l'hôpital des infects; et, le 7 août, il fut fait un règlement conventionnel pour le service de deux chirurgiens, aux gages de 100 livres chacun, etc.

16 août. — Le roi Charles IX, accompagné d'une suite nombreuse, y compris quatre médecins, parmi lesquels était le célèbre Miron, arrive à Romans. Il y revient quatre jours après, le 21. La dépense faite à cette occasion, pour la nourriture et le personnel, éleva, le 17 août, à 150 livres 3 deniers, et le 21, à 173 livres 18 sols 2 deniers. Ce prince repart le 22 pour aller coucher à Valence.

1566

25 mars. — Dans l'assemblée générale pour l'élection des nouveaux consuls, le juge royal Antoine Guérin ouvre la séance par un discours dans lequel il exhorte l'assemblée à ne confier de mandat qu' « à des personnes ydoines et expérimentées des affaires de la communauté, à se dépouiller de toutes affections personnelles, à ne pas s'arrêter à la diversité de religion, ni à mettre les uns d'une et les autres d'autre religion, sans avoir égard s'ils sont suffisants, et aussi à songer aux édits de pacification, par lesquels tous doivent être unis les uns les autres et n'être plus que frères et concitoyens ».

15 mai. — Les Pères Cordeliers préviennent les consuls qu'ils ont envoyé une requête au parlement pour reprendre les reliquaires, joyaux, ornements et papiers qu'ils avaient placés durant les troubles dans la maison consulaire.

Les consuls répondent aux Pères qu'on aurait pour eux « toute aide, faveur et assistance, mais que l'argenterie a été convertie et utilisée par la contrainte et la mollesse des consuls qui étaient alors [1]. »

---

(1) Le 8 septembre 1611, la ville donna aux Pères Cordeliers une somme de

28 décembre. — Le président Truchon vient à Romans, et, trouvant la ville tranquille, il invite les consuls à convoquer une assemblée de notables, composée de 40 membres de l'une et l'autre religion, pour s'occuper des affaires de la communauté et prêter main-forte à la justice. Les dizainiers de cette compagnie furent : 1° Barletier, sieur d'Arthemonay ; 2° Antoine Coste ; 3° Bonaventure Guigou, et 4° Mathelin Thomé.

1567

21 juin. — La maison consulaire étant tombée en ruines faute d'entretien, les archives de la ville furent déposées chez Jean de Gillier, et la fameuse bulle d'or confiée à Pierre Massis, docteur en droit. Les assemblées se tinrent provisoirement dans la maison de Jean Guigou, marchand, puis dans l'hôtel de l'archevêque. Pour le louage de ce local, Jacques Reynaud, rentier du prélat, demanda trois écus d'or, que la ville consentit à payer.

30 septembre. — Pierre de Chaste, seigneur de Geyssans et de Saint-Muris, « venu avec quelques-uns de ses voisins, » s'empare de Romans par surprise un vendredi matin. Après avoir mis de fortes gardes aux portes de la ville, il se présente, en compagnie de François de Veilheu, de Curson, devant l'assemblée, où se trouvaient le juge et les autres officiers de justice ; il dit que, « pour les affaires survenues à Sa Majesté, il aurait été commandé par des plus grands princes et seigneurs du conseil de venir en icelle ville lui garder et conserver, et tenir la main à ce que, suivant les édits, le peuple fût contenu en paix, liberté de conscience et exercice de sa religion ». Il priait les consuls de lui livrer les clefs des portes de la ville, leur assurant qu'il ne serait fait aucune violence ni empêche-

---

1,000 livres, pour être employée aux travaux de réparation du couvent, comme indemnité de la perte de leur argenterie.

ment à chacun d'exercer sa religion, ainsi qu'au juge de rendre la justice; s'offrant de le protéger et de mettre dans la ville ses enfants comme otages. Il termine en exhortant les assistants et les autres personnes à s'embrasser les uns les autres en une ferme amitié pour le service de Sa Majesté et la conservation de la ville.

MM. de Geyssans et de Veilheu s'étant retirés, l'assemblée conclut unanimement de jurer amitié fraternelle et concorde entre tous les habitants de l'une et l'autre religion, sous l'entière obéissance de Sa Majesté et l'observation de ses édits. Quant à la demande des clefs, on en avisera incontinent Mgr de Gordes, lieutenant général pour le roi en ce pays, et les membres du parlement, pour entendre leur bon plaisir et ensuite obéir à leurs commandements et avis. A ces fins, on prie M. de Bruyère [1] de se rendre à Grenoble pour les avertir de tout et recevoir leurs ordres. Cette délibération est homologuée par le juge, du consentement du procureur du roi.

3 octobre. — M. de Geyssans fait garder par des troupes étrangères les portes de la ville et demander les clefs de la tour sur le pont, dans laquelle il y a des poudres à feu et des munitions qui appartenaient à Pierre Barletier, d'Arthemonay. Il requiert, en outre, des billets de logement pour ses soldats. Le conseil invite le sieur Barletier à livrer ses poudres, dont on le satisfera. Au sujet des billets de logement, M. de Geyssans est prié de patienter jusqu'à ce qu'on ait reçu une réponse du lieutenant général, et que, en attendant, il pourra loger ses soldats dans les cabarets aux frais de la ville. M. Jean de Valence et M. Humbert Duboys sont nommés « pour y avoir l'œil et y tenir la main ».

6 octobre. — Des lettres du baron de Gordes et de la cour du parlement prescrivent au juge et aux consuls « de tenir

---

(1) Jean-Paul Bruyère, ou mieux Bruère, docteur en droit, avocat, lieutenant en la judicature en 1591, plusieurs fois premier consul; son nom figure en cette qualité au bas du portrait de Perrot de Verdun, peint en 1615.

la main à ce que les armes prises soient laissées et tous étrangers se retirent, et que la ville soit remise en paix, sûreté et liberté de commerce et trafic, comme elle était auparavant, de manière que Sa Majesté en reçoive contentement ».

Sur l'invitation du juge, l'assemblée renouvelle le serment d'observer l'union, la concorde et la fraternité les uns envers les autres; que cependant, eu égard aux troubles, on fasse garder les portes par les habitants de la ville pour obvier aux surprises et accidents qui pourraient arriver, et qu'enfin, depuis ce matin la plupart des soldats qui étaient venus avec les sieurs de Geyssans et de Veilheu étant sortis de la ville, on invitera les autres à retourner chez eux, sans crainte d'être offensés ni molestés.

9 octobre. — Miolans de Cardé, serré de près par l'armée du baron de Gordes et ne se trouvant pas en sûreté à Saint-Antoine, vient se réfugier dans Romans. Il envoya quérir, « à l'issue de son dîner, » les consuls et les notables. Il est venu en cette ville, leur dit-il, parce qu'il a entendu dire qu'on n'y voulait pas reconnaître le seigneur de Geyssans en qualité de gouverneur. Il ordonne de faire murer quatre portes de la ville et de préparer des vivres et des logements pour ses troupes, qui ne devaient pas tarder d'arriver. Enjoignant d'obéir au sieur de Geyssans, autrement qu'il emploiera la force et la rigueur, quand il ne voudrait user que de voies amiables.

Les conseillers de la ville, ainsi mis en demeure et n'ayant aucun moyen de résister, concluent que, « attendu le trouble et contrainte où l'on est constitué, pour obvier la fâcherie qu'on pourroit faire aux sieurs consuls, on obéira à tous les ordres donnés par le sieur de Cardé ».

16 octobre. — M. de Bruyères rend compte de la mission dont il a été chargé par la ville auprès du baron de Gordes et de la cour du parlement, et du bon accueil qu'on a fait aux lettres des consuls. Il ajoute qu'il avait reçu desdits seigneurs, pour M. de Geyssans, un paquet dans lequel il y avait une lettre pour les consuls. Mais ledit sieur a gardé cette lettre, en disant qu'il la voulait communiquer à M. de Cardé, et qu'il savait ce qu'il avait à faire. Les consuls ayant supplié le sieur de Cardé et le sieur de Geyssans de vouloir donner lesdites lettres, ces derniers ont refusé, en disant que ceux de Valence n'avaient eu les leurs non plus qu'eux, et qu'on les leur montrerait quand il serait besoin.

19 octobre. — Les consuls exposent à l'assemblée générale que le sieur de Geyssans, commandant en cette ville, leur demande de lui fournir « estat et entretènement pour le dégrever des dépenses qu'il a faites »; qu'il convient de couvrir les fournitures occasionnées par les gardes de la ville, la construction de portes aux murs de l'Isère, le murement de celles de Bonnevaux et de la Bistour, le paiement des manœuvres envoyés aux champs quérir des bois et autres munitions. Il est aussi arrêté qu'on donnera encore dix écus au sieur de Geyssans, en le priant de soulager la ville autant qu'il le pourra.

23 octobre. — Le juge royal fait une procédure pour constater les dégâts commis dans l'église de Saint-Barnard, notamment dans la chambre des comptes et dans celle des archives, où les papiers du chapitre ont été pillés, brûlés et jetés par la fenêtre, les livres et joyaux volés et enlevés.

27 octobre. — Fanatiques et indisciplinés, les soldats de Miolans de Cardé pillent les habitants, spolient et saccagent les églises et mettent le feu aux quatre coins du couvent des Cordeliers. Cet événement est ainsi relaté dans le registre des délibérations du conseil :

« Plus proposé le bruslement comiz le jour d'hier [1] par les soldats au couvent des Cordeliers, contre tout empeschement quon y aye voulu et su mettre; comme cest quon y debvra procéder et du soulagement desdits Cordeliers qui sont en ville.

» Item, si l'on doit retenir les ferrements et aultres choses

---

(1) Le P. Pascal Cottin, dans son *Histoire du couvent des Cordeliers*, dit que cet événement eut lieu le lendemain de la fête de Saint-François, c'est-à-dire le 5 octobre. Cet historien n'aurait pas commis cette erreur s'il avait eu sous les yeux le registre supplémentaire et hors de série où se trouvent les procès-

qui sont audit couvent, lesquels les soldats prennent et emportent, quelque défense que le seigneur gouverneur leur fasse faire.

» Conclus de faire informer dudit bruslement et procédures pour le deschar de la ville et en requérir Mons.ʳ le juge, et quon ne retire rien desdits ferrements et bois; attendu le désordre qu'on y faict, à ce que la ville ne s'en trouve rien chargée, desquels aussi par mesme moyen on fera informer, et quant auxdits Cordeliers quon les soulage, et prie les chefs chez lesquels ils sont de les nourrir et entretenir et qu'ils seront payés de leur revenu. »

28 octobre. — Revenant à la charge, M. de Geyssans demande pour lui un logement commode, cent écus pour ses frais et pour l'entretien de ses officiers. Il informe que trois compagnies doivent arriver pour la garde de la ville et que, afin d'éviter des désordres, il importe d'aviser à leur solde et à leur logement. La ville, impuissante à résister, et malgré les exigences du capitaine Bourjat pour sa compagnie, accorde tout ce que demande le sieur de Geyssans, à condition qu'on utilisera les grains et munitions qu'il a fait apporter des villages voisins.

Ledit sieur de Geyssans ayant fait apporter et remettre des choses provenant du couvent des Cordeliers, on ne les recevra qu'après due description, et l'on prie ledit sieur d'ordonner de faire murer ledit couvent, « pour obvier à plus grand dégât et ruine ».

10 novembre. — M. de Geyssans contraint les consuls

---

verbaux des délibérations de la commune du 25 mars 1566 au 27 décembre 1567, comblant les lacunes qu'on remarque dans le registre ordinaire de 1564 à 1572, qui avait été quelque temps égaré; ce qui s'explique, au milieu des troubles qui régnaient; et, de plus, l'hôtel de ville étant alors en ruine, les assemblées se tenaient dans une maison particulière et les archives étaient entassées dans une autre.

de nommer des commissaires pour la recette des munitions de blé, de vin, de viande, de foin qu'il faisait réquisitionner dans les villages des environs. Un jour, les fermiers du Val de Sainte-Marie vinrent réclamer les bœufs et les moutons que les soldats de la garnison de Romans leur avaient enlevés.

15 novembre. — Romanet Bollaz, fourrier de la ville, se plaint de la peine qu'il a pour le logement des soldats, « qui arrivent de jour en jour, d'heure en heure ». On lui accorde une augmentation de salaire et un commis pour les écritures.

22 novembre. — « Sur la remonstration faite par MM. les consuls de ce qu'ils sont commandés par M. de Geyssans de fournir à l'estat de la dépense du sieur de Cardé et de madame sa femme, qui monte beaucoup et telle que la ville ne la sauroit payer à moins de dix écus par jour, et ils ont esté contraints de fournir à ses maistres d'hostel quelque quantité de chair, pain et autres despens. »

28 novembre. — Lettres du conseil de la guerre contenant commandement à MM. les consuls de faire lever, sur ceux de la religion catholique romaine de Romans et dans huit jours, un emprunt de la somme de 6,000 livres pour la solde des troupes. Ces lettres, signées par de Cardé, Dugas et de Blacons, et Bertrand, secrétaire, furent signifiées par Teston Pichat, sergent (huissier) royal à Romans.

L'assemblée générale protesta contre cette exorbitante exaction, qui pesait sur une seule catégorie d'habitants. Mais, sur une nouvelle lettre du comte d'Acier, la ville fut encore une fois obligée de céder à la force et faire lever cet emprunt.

1568

28 mars. — Depuis l'époque où de Chaste Geyssans s'était emparé de Romans (30 septembre), le nombre des soldats qu'il avait amenés fut chaque jour augmenté d'une foule d'étrangers et d'aventuriers, qui commirent dans cette ville les plus abominables excès : abolition du culte catholique, proscription des prêtres et des religieux, pillage, incendie et ruine des édifices religieux et hospitaliers, profanation des tombeaux, contributions incessantes sur les catholiques. Le mal était à son comble lorsque l'armée commandée par de L'Estang et des Adrets vint mettre le siège devant Romans [1]. La résistance fut longue, parce que les défenseurs craignaient d'être traités par des Adrets aussi cruellement que l'avaient été d'autres villes qui s'étaient rendues à lui.

18 avril. — Le baron de Gordes remet sous l'obéissance du roi la ville de Romans, et, malgré de trop justes griefs, il use envers les habitants d'une grande indulgence.

29 avril. — Les chanoines sont invités « à rétablir la cloche et la sentinelle sur leur campanil, à la forme qu'ils faisoient aux précédents troubles et à leurs despens, et de faire garde en personne à leur tour et ordre aux portes de ladite ville et les rondes de nuit ». Ils offrent de payer la moitié de la dépense, à condition que la ville paiera l'autre moitié.

6 septembre. — Le baron de Gordes autorise la ville à acheter des armes jusqu'à la somme de 3,000 livres pour armer les habitants catholiques. On en acheta à Lyon pour 2,200 livres.

1569

3 janvier. — Par ordre du gouverneur, on établit un rôle de ceux de la religion P. R. pour leur faire payer une cotisation en faveur des hommes préposés à la garde de la ville et le remboursement d'un emprunt contracté pour le logement de la troupe en 1567.

---

(1) Pendant que des Adrets bloquait Romans, un soldat bourguignon sortit de la ville pour aller assassiner ce chef dans son camp; mais ayant été pris et ayant avoué son dessein, de Gordes le fit pendre.

9 mars. — Le chapitre de Saint-Barnard, redevenu libre, présente au roi un placet dans lequel il énumère les pertes qu'il a faites par suite des guerres.

1570

27 avril. — Sur l'ordre de M. de Saint-André [1], gouverneur de la ville, le juge royal, assisté du conseiller de Bellièvre et de M. d'Eybens, trésorier de France, communique à l'assemblée une lettre du lieutenant général de Gordes, datée de Valence, qui invite chaque habitant de Romans à faire provision de vivres pour trois mois, et prescrit à la municipalité d'acheter 2,000 sétiers de blé qui sont déposés à Tain et qui ne devront être mis en consommation qu'en cas de siége.

Claude Manuel, « l'un des notables bien zélés aux affaires de la république, » offre de faire ledit achat, à condition qu'il sera garanti de tout dommage; ce qui est accepté. La dépense monte à 600 écus.

5 juillet. — Des lettres patentes d'Henri III, données à Compiègne, prescrivent la démolition des maisons construites trop près des remparts de la ville de Romans, au préjudice des habitants et de la défense.

19 juillet. — En considération des services nombreux rendus à la ville par M. de Saint-André, chevalier des ordres du roi, gouverneur de Romans et du bailliage de Saint-Marcellin, en l'exemptant du logement et du passage des troupes de pied et de cheval, en obtenant des secours pour l'aider à supporter les frais de la guerre et une infinité d'autres services, et sur le désir exprimé par ledit gouverneur de recevoir en présent de la ville une maison et, si c'était possible, celle de feue Madame de La Baume, il a été conclu qu'on achètera ladite maison, si les propriétaires veulent se contenter de 17 à 1,800 livres.

---

(1) Philippe-Philibert de Cervières de Saint-André.

23 août. — Une grande inondation, produite par le torrent de la Presle, ayant causé l'écroulement d'une partie du rempart, sur une longueur de 120 pas, la ville décide d'emprunter pour réparer ce dégât une somme de 3,000 livres et d'adresser au roi une requête pour obtenir un secours.

1571

21 mars. — Le baron de Gordes se trouvant à Romans, ceux de la religion P. R. lui présentent une requête contenant plusieurs griefs et plaintes au sujet de l'élection des consuls et des membres de l'assemblée.

26 octobre. — Les consuls signalent à la cour du parlement le grand nombre d'étrangers qui se sont réfugiés à Romans depuis les troubles et qui, presque tous sans ressources, prennent part à toutes les séditions et enlèvent les aumônes qui appartiennent aux pauvres de la ville. Ils demandent que ces étrangers soient renvoyés dans les pays dont ils sont originaires. On nomme à cet effet un *chasse coquin,* aux gages de 30 sols par mois.

1572

24 janvier. — L'official de l'archevêque de Vienne se plaint, au nom de plusieurs notables de Romans, de ce qu'il ne se dit pas de messe paroissiale dans l'église de Saint-Barnard. Les chanoines répondent que la ruine de l'église ne permet pas d'en dire. Cependant ils vont faire recouvrir et fermer la chapelle de Saint-Jean, afin qu'on puisse y célébrer le service divin.

28 août. — Lettre du baron de Gordes aux consuls de Romans :

« Messieurs les consuls, estant survenue la blessure et après la mort de Monsieur l'admiral, à l'occasion de la querelle qui estoit entre luy et la maison de Guyse ; faisant doubte que aulcungs ne se voulussent élever pour en poursuivre la vengeance et par ce moyen troubler le repoz public, je vous ay bien voulu faire la présente à ce que icelle receue vous ne faciés faulte de faire incontinent prendre les armes aux catholiques de vostre ville et faire faire gardes aux portes de icelle, surtout avec telle modestie qu'il ne soit faict aulcung desplaisir à ceulx de la nouvelle religion, sur peyne que je m'en prendrez à vous que je veulx bien encore adviser comment le roy nous a mandé qu'il n'entend pour cella aulcune chose altérer de son édict de pacifficatlon, ains désire qu'il soit de tant plus conservé et gardé et ses subjets en bonne unyon et amytié les ungs avec les aultres. A quoy faire vous ne faudrés de tenir la main et prendre bien garde que aulcune émotion ne se ensuyve, et tant que vous désirés le service de Sa Majesté que je vous recommende ainsi que je fais de bien bon cueur à vos bonnes graces et prie Dieu qu'il vous donne en santé les siennes. De Moyrens, ce xxviii aoust 1572.

» Je vous ai escript pareille lettre par ung courrier et despuis j'ay advisé envoyer à Valence Monsieur de la Tyvollière, par lequel vous entendrés toutes choses comment vous aurés à conduire.

» Vostre entièrement meilheur amy,

» Gordes. »

Après la lecture de cette lettre, l'assemblée ordonne aux capitaines de la ville de faire prendre les armes à leurs hommes, d'établir des gardes aux portes et de faire faire des patrouilles dans les rues.

10 septembre. — Le secrétaire de la ville Loyson ayant été député par les consuls vers le baron de Gordes pour désapprouver « la dampnable et malheureuse entreprise dressée par les huguenots sur l'estat et personne du roy et l'assurer du desvouement des bons et loyaulx subjets catholiques, » le lieutenant général répondit par la lettre qui suit à M. de Veaunes, premier consul :

« Monsieur de Veaulne, je vous ay advisé nagueyres de l'ordre et règlement que j'entendois vous fissiez tenir pour la police, seurté et tranquillité de la ville de Romans, don il me tarde que je n'ay peu sçavoir despuis comment les choses s'y comportent, si ce n'est que les catholiques se plaignent d'estre trop chargés de gardes ; auquel cas, désirant les soulager, il m'a semblé vous adviser que je veulx et entends que ceulx de la nouvelle religion soient avec eulx, chacung à leur tourt, égallement comprins ès dites gardes et qu'ils ayent à mettre à chacung qui touchera ung personnage catholique ou à payer six soulz à chacun de ceulx qu'on y commettra pour eulx, tant le jour que la nuyct : sur quoy j'auray bien plaisir d'entendre ce que vous y aurez faict et comme toutes choses s'y comportent par delà. Ce que espérant de vous faire voyr, je me recommande de bien bon cœur à vostre bonne grace et supplie le Créateur qu'il vous doint, Monsieur de Veaulne, en bonne santé longue vie. De Laval [1], ce xix de septembre 1572.

» Je vous prie aussi adviser que, à l'exaction desd. six soulz, il ne s'y commette aulcung abus.

» Vostre entièrement meilheur amy,

» GORDES. »

21 septembre. — Le contre-coup de la Saint-Barthélemy se fait sentir dans Romans. Un dimanche, des gens inconnus et masqués envahissent la prison et y tuent « sept religionnaires des plus obstinez ». Les autres prisonniers avaient

---

(1) Château et village à 4 lieues de Grenoble, appartenant à la femme de Gordes, Guigonne Alleman, qu'il avait épousée en 1552 et qui lui donna sept enfants.

été relâchés après avoir abjuré : 40 par ordre du baron de Gordes et 13 par les soins de leurs amis.

Le lieutenant général, informé de ces événements, écrit à M. de Veaunes pour lui exprimer son mécontentement :

« Monsieur de Veaulne, j'ay receu vostre lettre du xxiiii et veu par le discours d'icelle ce qui est advenu dimanche dernier aux prisons de Romans ; de quoi je suis tres marry et malcontent. Il fault nécessairement que le cappitaine qui fesoit la patrouille ce jour-là par la ville en responde, car il doibt sçavoir que c'est, et de dire que c'estoient gens incogneux et masquez, cella ne me satisfaict pas. Je pense que Messieurs de la court y envoyeront pour en informer ; vous priant de vostre côté y tenir si bonne main que l'acte se puisse bien vérifier et que le châtiment de leur témérité ne demeure impuny ; car quand le roy le sçaura il en sera bien malcontent, mesme que ses prisons ayent esté ainsi forcées. Cependant vous adviserés et verrés si bon ordre, comme je vous en prie, dans vostre ville que Sa Majesté y soit obeye, et que désormais telles ou semblables actes et factions ne s'y commettent, y ayant l'eul ouvert ; comme je me repose sur vous, à qui je me recommande de fort bon cœur à vostre bonne grace, priant Dieu, Mons. de Veaulne, qu'il vous doint très bonne et longue vie. De Laval, ce xxvii de septembre 1572.

» Vostre entièrement meilheur amy,

» Gordes. »

22 octobre. — « M. de Veaulne, premier consul, a remontré qu'il est arrivé en ceste ville un painctre ayant commission du roy de pourtraire toutes les villes de son royaulme, pour reduyre en après tous les pourtraicts en ung volume. Et pour ce qu'il a travaillé à Grenoble, à Montélimar et à Valence, qu'on recognoisse ses peynes. »

« Il est conclu qu'on le fasse travailler à l'imitation des autres villes, et pour recognoistre ses peynes les consuls s'en remettront à la discrétion du sieur de Veaune [1]. »

10 décembre. — M. Jean de Solignac, seigneur de Veaunes, est nommé commandant de cette ville. L'assemblée, eu égard aux peines et bons offices que de tout temps il a eus à l'endroit de la ville, a décidé de lui donner 50 livres pour chaque mois de l'exercice de sa charge. Il fut remplacé par M. de Montchenu, lieutenant du baron de Gordes.

1572

23 avril. — La cour du parlement donne commission au vibailli de Saint-Marcellin de faire le procès à ceux de la nouvelle religion qui sont prisonniers à Romans pour crime de trahison et conspiration tendant à s'emparer de la ville [2].

3 juin. — Arrivée à Romans d'une compagnie de Suisses pour la garde de la ville. Il avait été convenu entre le lieutenant général de la province et le capitaine des Suisses, Figuli, que la paie de cette compagnie, montant chaque mois à 1,200 écus, serait soldée par le pays, mais que la ville de Romans en ferait l'avance et donnerait en outre une gratification de 300 livres au capitaine.

4 juillet. — M. de Moidieu, commissaire général des vivres, informe les consuls qu'il va être établi pour l'armée du baron de Gordes un magasin, qui sera alimenté à raison de huit sétiers de blé froment par feu, avec foin, avoine, viande et vin, conformément à l'état qui lui a été remis.

9 juillet. — Un commissaire du roi, député pour la visite

---

(1) Il s'agit probablement ici du travail qui figure dans la *Cosmographie* de François de Belleforest, dans laquelle, en effet, se trouve une vue à vol d'oiseau de la ville de Romans, vue au reste fort inexacte. (A Paris, chez Nicolas Chesneau, rue Saint-Jacques, au Chesne verd. 1575.)

(2) Le jeune La Ribintière, fait prisonnier à la suite de l'échauffourée de Moras, amené à Romans, est exécuté dans cette ville, ainsi que ses complices Dubois et ses fils.

des églises de la province endommagées pendant les troubles, constate les dévastations commises dans l'église de Saint-Barnard, dans la maison abbatiale, dans celles du sacristain, des chanoines et des prêtres.

19 juillet. — Le chapitre de Saint-Barnard fait « déclaration devant M.ᵉ Pierre Delacour, notaire [1], commis de l'official et vicaire général de Vienne, des pertes, dommages et intérêts soufferts de la part des religionnaires.

Les délégués du chapitre déclarent que la collégiale de Saint-Barnard compte en tout quinze chanoines, dont sept non résidants, deux chanoines appelés panetiers, un sous-capiscol, chanoine de Tournus, où il réside, quatre curés pour la paroisse de Saint-Barnard, un curé pour celle de Saint-Romain et un curé pour celle de Saint-Nicolas, un esclaffard et neuf clergeons, enfin douze officiers laïques. Il y a aussi un Cordelier pour annoncer la Parole de Dieu et un maître d'école pour instruire la jeunesse.

L'église de Saint-Barnard, fortement endommagée lors des premiers troubles en 1562 par ceux de la nouvelle opinion, fut totalement ruinée en l'année 1567 [2]. Ses pertes ne pouvaient être estimées à moins de 200,000 livres, sans y comprendre la maison abbatiale, la maison du sacristain et autres maisons des

---

(1) La famille Delacour remonte fort loin dans l'histoire de Romans. On trouve en 1341 un Pierre Delacour notaire, qui, le 21 mai de cette année, rédigea un accord entre le Dauphin et les habitants de Romans. Cette famille n'est pas éteinte, mais elle n'est plus représentée dans cette ville.

(2) Les dommages causés à l'église de Saint-Barnard furent bien considérables à en juger par le temps et les sommes nécessités pour les réparer. Environ cent ans après ces événements, dans l'assemblée capitulaire du 20 avril 1665, il fut arrêté de doubler la taxe que l'on payait pour faire sonner les cloches pendant les enterrements : soit 52 livres pour la grosse cloche, 33 livres pour la deuxième et 24 livres pour la troisième, et d'employer le produit de cette taxe à réparer les ruines des voûtes faites par les religionnaires. Ces travaux ne furent terminés qu'en 1718, moyennant le prix fait de 5,160 livres et 100 livres d'étrennes pour la maçonnerie, et 850 livres et 30 livres d'étrennes pour la charpente.

chanoines et prêtres qui ont été démolies et ruinées. A quoi on peut ajouter la perte des prieurés de Sillac, Saint-Félicien et Saint-Victor en Vivarais, dépendant de l'église de Saint-Barnard, alors occupés par les huguenots de ces pays.

17 octobre. — Par une lettre écrite de Montélimar le 14 de ce mois, le baron de Gordes prie de la manière la plus pressante la communauté de Romans de lui prêter la somme de 1,000 écus, dont il fera une obligation en son propre et privé nom. Il termine en disant : « Je vous prie encore une fois de me vouloir acomoder de ce que dessus; mais c'est de telle affection comme si estoyt pour retirer ung de mes enfants des mains des Turcs. » Cet emprunt fut immédiatement réalisé par une cotisation sur les aisés.

5 décembre. — Règlement pour les gardes.

« Les notables de la ville seront tenus de faire les rondes la nuyct, chacun à son tour, suivant le billet qui leur sera baillé par le sergent major, lequel, par le même moyen, baillera le mot à celuy qui fera la première ronde et fera bailler un falot et des chandelles pour les rondes ordinaires, que feront les notables chaque nuyct avec des marques, suivant le nombre des corps de garde, lesquelles seront laissées aux susdits corps de garde en passant et rendues le lendemain par chaque caporal audit sergent major, pour estre adverti de ceux qui auront deffaily, qui seront amendables à appliquer aux soldats de la garde. »

9 décembre. — Le baron de Gordes donne communication au premier consul d'une lettre qu'il vient de recevoir du roi Charles IX. Dans cette dépêche, datée de La Fère du 25 octobre, après un long préambule, où S. M. se plaint de la corruption des mœurs, qui s'accroît tous les jours malgré les remèdes qu'elle s'efforce d'appliquer pour arrêter le cours du mal, elle invite instamment son lieutenant général en Dauphiné à visiter toutes les villes de cette province, afin de s'assurer 1° si les ecclésiastiques s'acquittent de leurs devoirs; s'ils jouissent de ce qui leur appartient; 2° comment se comportent ceux de la noblesse; s'il existe entre ses membres des querelles de quelque importance ; 3° si les officiers de justice ont la réputation de bien s'acquitter de leur charge ; 4° quelle inclination a le peuple, et comment les citoyens vivent-ils les uns avec les autres, surtout au sujet de la religion. « En somme, noter et observer tout ce qui concerne le bien et le repos public. »

De Gordes remit cette lettre au premier consul, en le priant de lui faire un rapport concernant la ville de Romans. Ce dernier rédigea une longue réponse, dans laquelle il fit l'éloge du clergé et de la noblesse, et signala parmi le peuple « ceux de la nouvelle opinion, qui étoient mécontents et défiants envers les catholiques ». Le rapport finissait en signalant « les menées, entreprises, conspirations, meurtres et assassinats et plusieurs autres actes d'hostilités qui sont journellement faits par ceux de la nouvelle opinion et les nouveaux catholiques [1], se réunissant secrètement en plusieurs lieux, au désavantage des bons citoyens, qui restent désarmés ».

De leur côté, « ceux de la nouvelle opinion, » Antoine Boninaud, Jean Magnat [2], Jean Thomé [3], Jean Ranc et leurs adhérents de la ville de Romans présentèrent des remontrances au lieutenant général, se plaignant en somme des nombreuses charges qui pesaient sur eux, notamment des gardes, des emprunts et des logements des gens de guerre, et surtout d'avoir été exclus de la maison consulaire. Les consuls répondirent à ces accusations que les charges dont se plaignaient les réformés étaient communes à tous les habitants, et que si elles parais-

---

(1) On nommait ainsi ceux qui s'étaient convertis à l'époque de la Saint-Barthélemy et dont l'abjuration ne paraissait pas sincère.

(2) C'était un des meneurs du parti protestant et un tripoteur d'affaires. Il était à la tête de toutes les démonstrations politiques ou religieuses, comme dans tous les emprunts et les fournitures de la ville. Tout autre était Pierre Magnat, docteur en droit, premier consul en 1580 et en 1591, plusieurs fois député aux États de la province et souvent délégué à Grenoble pour affaires de la ville.

(3) Il fut le chef de la branche protestante de l'ancienne famille Thomé. Un de ses descendants figure parmi les rares Romanais qui se réfugièrent à Genève après la révocation de l'édit de Nantes.

saient plus lourdes pour eux, c'est qu'ils étaient moins nombreux et en général plus aisés. Ils terminaient en disant que, par amour du repos et de la paix publique, ils ne voulaient pas rappeler les actions et la partialité de ceux de la nouvelle opinion lorsqu'ils dominaient dans la ville.

1574

22 mars. — M. Charles Milhard [1] est élu premier consul et M. Humbert Duboys deuxième consul. Ces Messieurs ayant pour divers motifs refusé d'accepter cette charge, sur le réquisitoire du procureur du roi Montluel, le juge ordinaire Veilheu leur enjoint de se soumettre à cette élection et de prêter le serment accoutumé, à peine de 1,000 livres d'amende. L'amende était de 50 livres pour les conseillers et de 10 sols pour chaque absence.

24 avril. — Des commissaires du clergé et de la bourgeoisie font une enquête sur les habitants nécessiteux. Leur nombre s'élève à 511 personnes, dont le soulagement exige chaque semaine 213 aumônes de pain, représentant 785 quintaux par an.

12 mai. — A l'occasion de l'arrivée à Romans de Charles de Bourbon, prince de La Roche-sur-Yon, gouverneur du Dauphiné, l'assemblée décide qu'on lui fera la meilleure réception possible. On lui offrira quelque pièce d'argenterie de la valeur de 2 à 300 livres, et l'on fera confectionner un pally (dais) de taffetas aux couleurs et aux armes dudit seigneur, pour l'honorer à son entrée.

28 mai. — Jean Arnaud et Ennemond Dozy demandent,

---

(1) Plusieurs fois premier consul. Il siégea aux États de Blois au mois d'octobre 1576 et rapporta de Paris une lettre d'Henri III, écrite le 14 juillet 1580 aux habitants de Romans pour les féliciter de leur obéissance et fidélité. Il fut receveur de la ville en 1589 et ensuite trésorier et receveur général des tailles en Dauphiné.

comme récompense des pertes qu'ils ont souffertes durant les troubles, l'emplacement du temple dans lequel ceux de la religion P. R. *souloient* faire leurs exercices. Mais Pierre Barletier, Girard Charles et Jean Berger ayant prouvé qu'ils avaient acheté ce lieu par contrat, au prix de 6 à 700 florins, et ayant même offert de le céder à la ville pour 400 florins, sans demander aucune indemnité pour la ruine de la maison qui y était, il ne fut donné aucune suite à la requête des sieurs Arnaud et Dozy.

16 juillet. — Lettre du prince dauphin, gouverneur du Dauphiné, aux consuls de Romans :

« Messieurs, voyant la nécessité du temps et des affaires qui s'offrent, et qu'il est besoing plus que jamais s'opposer aux ennemis et d'empêcher par tous les moyens les desseins, entreprises et intelligences qu'ils pourroient faire sur les villes de mon gouvernement, pour à quoy satisfaire j'ay advisé d'envoyer en la ville de Romans le sieur de Saint-André, pour gouverner et commander en icelle pour le service de Sa Majesté, comme il a faict autrefois. A ceste cause, nous vous ordonnons et commandons de le y recevoir, obéyr et entendre en tout ce qu'il vous commandera pour ledit service de Sa Majesté, comme vous feriez à moi-mesme. Priant en cet endroit le Créateur vous donner, Messieurs, ce que désirés.

» A Vallence, ce xvie jour de juillet 1574.

» Ce bien vostre François DE BOURBON. »

17 août. — Le roi Henri III avec sa suite séjourne à Romans. La dépense pour sa maison est réglée à 158 livres.

5 décembre. — 2,000 reîtres ou cavaliers allemands, commandés par le comte de Ringrave, traversent Romans. On avait pris à cette occasion les plus grandes précautions contre l'indiscipline de ces mercenaires, qui agissaient comme en pays conquis. Les autorités avaient fait prendre les armes à toutes les compagnies, renforcer les gardes des portes, tendre des chaînes à l'entrée des rues, fermer les boutiques et ordonné d'abattre les sarrasines (herses) à la première apparence de danger.

1575

16 janvier. — Le roi Henri III, accompagné du duc d'Alençon, son frère, du roi de Navarre, du chancelier de Birague et du baron de Gordes, préside les États de Dauphiné, réunis à Romans. On y arrête que, pour continuer la guerre contre Montbrun, le tiers-état de la province entretiendra 2,000 hommes de pied et la noblesse 50 hommes d'armes. Le roi partit le lendemain pour Saint-Vallier. La dépense pour son séjour monta à 275 livres 5 sols 9 deniers.

28 mars. — Le juge royal Veilheu est emprisonné, à cause du retard de la ville de Romans dans l'acquittement des tailles.

La ville, représentée par ses consuls, s'engage solidairement vis-à-vis des banquiers de Lyon, qui prêtent 200,000 livres à la province.

8 juillet. — L'armée réunie à Romans sous les ordres du comte d'Ourches, lieutenant du baron de Gordes, part pour aller à Die. Elle se composait d'environ 800 chevaux et 900 hommes de pied, et traînait avec elle des vivres et des munitions de guerre.

16 septembre. — La compagnie de M. de Chevrières se présente devant la ville; on ne veut pas la recevoir; elle va loger à Mours.

Lettre d'Henri III « à ses chers et bien amez les consuls, manants et habitants de Romans » :

« Chers et bien amez, nous vous mandons et ordonnons de prendre garde à la seurté de votre ville plus soigneusement que jamais et ne souffrir que aulcungs s'en emparent contre et au préjudice de notre service, soulz quelque couleur et prétexte que ce soit; ne laissant entrer en icelle trouppe de cavalliers ny compagnie de genz de guerre à pied sans sauf conduyct et passeport signé de notre main; observant aussi ceulx qui passeront et ce qui se ménera et fera aux environs de vous, affin de n'estre surprins, comme scavons asseurances que aulcungs de mes sujets mal affectionnez à la tranquillité de notre royaulme y ont de longuement faict et désigné entreprise.

» Donné à Paris, le xviᵉ jour de septembre 1575.

» HENRY. »

Cette lettre était accompagnée de la suivante :

« Messieurs les consuls, vous trouverés avec la présente la lettre que le roy vous escript, suivant laquelle vous aurez l'euil à la garde et seureté de votre ville. L'occasion de ladite lettre est que Monsieur le duc d'Alençon s'en est allé de la cour et ne sait ce qu'il est devenu. Je vous prie dhabondant faire si bon guet qu'il ne vous puisse mesadvenir ; et en cet endroit je me recommande à voz bonnes graces, priant Dieu, Messieurs les consuls, vous donner très-bonne et longue vie.

» A Valence, le xxiii septembre 1575.

» Faites incontinent porter le paquet à Grenoble.

» Votre entièrement meilheur amy,

» GORDES. »

29 septembre. — Le baron de Gordes vient à Romans. Il demande pour l'entretien de ses troupes une imposition de 20 livres par feu.

29 septembre. — Henri III écrit aux maire, échevins, manants et habitants de Romans pour leur faire connaître son dernier édit de pacification, « dont il espère un infini bien ».

1576

Avril. — Pendant que le baron de Gordes assiégeait le château de Morestel, les huguenots des Montagnes, pour faire diversion à ce siége, vinrent, avec environ deux cents chevaux, s'embusquer à l'entrée du Péage, vers la Maladrerie, dont ils dévastèrent la chapelle. Trente braves soldats, sortis du Péage, tombèrent dans le piége et furent massacrés. Le lendemain, 150 hommes de la garnison de Romans allèrent jusqu'au pont de la Maladière, mais n'osèrent passer outre, de crainte de la cavalerie.

6 octobre. — Lettre de Jean de Montluc, évêque de Valence, « à Messieurs les consuls et communauté de la ville de Romans » :

« Messieurs, vous avez, durant les guerres, faict si bien votre debvoir pour le service du roy, que je ne vouldrois croyre que le corps de votre ville, ny vous qui en avez la charge voulussiés contrevenir à ce qui en a esté faict en si grande et meure délibération pour la conservation de ce royaulme, le repoz et soulagement des paoures subjects tant affligés, et n'ay poinct pensé que la faulte vienne d'ailleurs que des cappitaines qui, durant les troubles, ont heu la conduicte du peuple, lesquels pourroient bien, s'ils le vouloient, faire contenir le petit nombre qu'il y a de ceulx qui vouldroient toujours pescher en eau trouble comme l'on dict [1], et ne puis faire de moings que de dire aussi que Messieurs de la justice y font très mal leur debvoir, à cella pouvés beaucoup vous ayder, si pour votre décharge vous sommiez et lesdits sieurs de la justice et lesdits sieurs cappitaines de faire ce qu'ils doivent pour l'accomplissement de la voulante et intention de Sa Majesté, ce que je vous conseille, vous estant bon voisin et aussi comme je suis et serey tous-

---

(1) Comme le dernier traité de paix « obligeoit plusieurs chefs, de commandants qu'ils étoient en dernier lieu, d'aller reprendre leur premier métier de tailleur, de cordonnier et de laboureur pour gagner désormais leur vie, privés d'ailleurs de la liberté de piller et de vivre dans leur fainéantise aux dépens d'autruy, ce fut un prétexte et une raison pressante pour donner, comme ils firent bientôt, de nouvelles marques de leur mauvaise foy ».

L. PERRUSSIS, *Hist. des querres du Comtat-Venaissin*, p. 60.

jours en tout où vous me voudrés employer. Et sur ce me recommende bien affectueusement à votre bonne grace.

» Je prie Dieu vous donner, Messieurs, en santé ce que désirés.

» De Valence, le vi octobre 1576.

» Votre meilheur voisin et amy,

» Montluc, E. de Valance. »

Le juge et les capitaines de la ville furent sommés et requis par les consuls de faire leur devoir : ce qu'ils promirent de faire de tout leur pouvoir.

19 novembre. — Les consuls ayant appris, sur le rapport de M. le juge Guérin, le mécontentement de l'évêque de Valence sur ce que, à son passage à Romans, en revenant de Grenoble, on ne lui avait rendu aucun honneur, il est résolu que deux consuls, accompagnés de quelques autres notables, iraient à Valence afin de présenter au prélat des excuses « pour le général et le particulier, » et de lui offrir en cadeau quelques pièces de vin ou autre chose qu'on pourra penser lui être agréable.

1577

4 janvier. — Les huguenots s'étant saisis de nouveau de Livron et autres lieux, et ayant même commis plusieurs meurtres et ravages à Saint-Nazaire, il est décidé de veiller avec soin à la conservation de la ville et de mettre, pendant les troubles, ceux de la nouvelle religion en lieu de sûreté ou dans des maisons de catholiques, qui en répondront; mais que nul ne sera molesté.

A la même date, de Gordes adressa la note suivante :

« Messieurs les consuls, j'envoye labaz Monsieur Dhourche la présente porter pour les affaires qu'il vous fera entendre et desquelles je vous prie le croyre et lui obéyr tout ainsi que feriés à moy mesme, qui en ay telle fiance en vous que je ne ferés ceste plus longue que pour me recommender à voz bonnes graces et prier le Créateur qu'il vous doint, Messieurs les consuls, en santé longue vie.

» De Grenoble, le iiij janvier 1577.

» Votre entièrement meilheur amy,

» GORDES. »

4 février. — Le baron de Gordes accorde à la ville la faculté de percevoir un droit de 10 sols sur chaque charrette qui traversera le pont sur l'Isère, pour la mettre à même de subvenir aux dépenses qu'occasionnent la fourniture du bois, des chandelles, de la poudre, des munitions de guerre, l'entretien d'un sergent-major, les gardes des portes, les réparations des fortifications, etc.

6 mai. — Un sieur Claude Choner avait la garde du château de Barbières lorsqu'il fut surpris par les religionnaires. Il vint se réfugier à Romans, couvert de blessures. Il fut question de l'arrêter pour lui faire rendre raison de ladite surprise. On se contenta de le consigner aux portes, en attendant les ordres du lieutenant général. Le château, du reste, fut repris par vingt soldats qui y étaient restés prisonniers et rendu aux catholiques.

31 mai. — A l'occasion du passage à travers la ville des régiments de Crillon, de Larche et de Martinière, descendant en Languedoc, il est arrêté que ces troupes ne passeront que par compagnie; que pendant cette traversée les habitants tiendront leurs boutiques fermées, qu'ils se rendront en armes à leurs postes et aux portes de la ville; que M. de Veaunes et les capitaines se tiendront à la tête de leurs compagnies, « et que, aultrement, on offrira à ces régiments toute courtoysie et honneur de la part de ladite ville ».

Ces précautions étaient nécessitées par les excès que commettaient ces soldats. Plusieurs d'eux furent arrêtés au moment où ils vendaient des bestiaux qu'ils avaient volés.

Juillet. — La ville de Romans est obligée de payer 600 écus pour la rançon des consuls de Rochechinard et Bernard, qui avaient été capturés par les protestants sur la route de Valence, où ils se rendaient pour affaires de leur communauté.

22 juillet. — Sur l'ordre de M. de Moidieux, commissaire général des vivres, la ville de Romans est requise d'envoyer des bœufs, des moutons, des pains, du vin aux troupes de M. de Gordes, campées devant le Pont-en-Royans. Le siége de cette place ayant été soudainement levé, 4,500 pains portés à Saint-Nazaire aux frais de la ville restèrent sans emploi et furent vendus à vil prix.

6 août. — M. de Gordes, à son départ de Romans, s'est vivement plaint du peu de gardes qu'il a trouvés à la porte de Saint-Nicolas. Il commande d'y mieux tenir la main, autrement qu'il y pourvoira. Les capitaines sont priés de bien veiller à ce service et de prévenir qu'on fera murer les portes où le service sera mal fait.

29 septembre. — Lettre d'Henri III « à ses chers et bien amez les maire, échevins [1], manants et habitants de la ville de Romans » :

« Chers et bien amez. L'une des choses qui plus nous donnoit d'ennui et solicitude pendant la continuation des troubles et de la guerre, c'estoit la misère de nostre pauvre peuple, dont noz bonnes villes n'estoient exemptes tant pour se garder de surprinze que pour les despenses qui leur convenoit faire et supporter. Au moyen de quoy, Nous, comme père commun de tous nos subjects, avons bien voulu les réunir tous en notre obéyssance par le moyen de notre édict dernier de pacification, de l'observation et entretènement duquel nous espérons infiny

---

(1) C'était probablement une formule de chancellerie, car il n'existait pas alors à Romans un maire et des échevins, mais des consuls.

bien, et que la tranquillité publique, qui est le fondement de toute prospérité, sera establye en notre royaulme, ainsy que désirons.

» Ce faict à Poictiers, le xxix° jour de septembre 1577.

» HENRY. »

1578

1ᵉʳ mars. — Les principales villes du Dauphiné s'étaient *liguées* pour refuser une troisième taille de 15 écus par feu jusqu'à ce que 1° les trésoriers eussent rendu leurs comptes, 2° que le pauvre peuple fût délivré de la tyrannie des gens de guerre, et 3° que le clergé et la noblesse eussent contribué, comme de droit, aux dépenses nécessitées par la défense du pays. Les griefs étaient fondés et le but était louable. Mais ce ne fut bientôt qu'un prétexte. Par suite de l'esprit de révolte qui soufflait alors partout, quelques meneurs populaires s'emparèrent du mouvement, qui dès lors sortit des voies légales pour tomber dans la licence et le désordre ; il y eut même une sorte de *jacquerie*, contre laquelle réagirent la noblesse et la bourgeoisie, et que réprima sévèrement une commission envoyée par le parlement.

A Romans, un drapier[1] se mit à la tête des révoltés. Il s'em-

---

(1) Jean Serve, dit Pommier ou Le Paumier, originaire de Montrigaud, vint s'établir drapier à Romans, où il s'allia à deux honorables familles en épousant 1° Antoinette Thomé, le 27 février 1560, et 2° Marguerite Loyron, le 20 novembre 1562. De chacun de ces mariages il eut une fille : du 1ᵉʳ, Monille, du 2ᵉ, Enmonette. Au milieu des longs désordres causés par les guerres civiles, il parvint à capter la faveur populaire, dont il se servit pour usurper l'autorité dans la ville de Romans. Ses goûts militaires lui valurent de recevoir un coup d'arquebuse en 1575, dans une rencontre avec les huguenots, qui voulaient s'approcher du Bourg-du-Péage ; son ambition et sa vanité furent la cause de sa mort. Au reste, il sera rapporté dans le cours de ces annales plusieurs faits concernant Jean Serve, dit Pommier.

para des clefs de la ville, destitua les capitaines, fit appel aux populations des environs et, le 1ᵉʳ mars, partit avec 4,000 hommes pour aller assiéger « le voleur Laprade et ses complices à Châteaudouble et pour mettre fin à ses voleries ». Il revint de cette expédition deux ou trois semaines après, sur l'assurance de punir les coupables que lui donna de Maugiron, à qui, du reste, le château se rendit peu de temps après.

7 mai. — La ville fait acheter à Lyon trois *goubeaux* d'argent pour être offerts à Laurent de Maugiron, lieutenant général du Dauphiné, à son entrée à Romans, où il n'arriva que le 1ᵉʳ juin.

20 octobre. — Les chanoines de Saint-Barnard obtiennent de Robert de Lacroix, vice-légat d'Avignon, un monitoire au sujet de l'enlèvement de leurs titres, papiers, documents, joyaux, ornements, etc., ravis pendant les troubles.

13 novembre. — Laurent de Maugiron, se trouvant à Romans, fait convoquer une assemblée générale, où il révèle les complots de ceux de la R. P. R., et annonce que le sieur du Passage est chargé de nommer un surintendant pour la tuition et conservation de la ville, lequel, toutefois, n'aura pas connaissance de la justice et de la police, mais seulement des gardes.

1579

16 février. — Sur quelques plaintes des habitants de Romans, Laurent de Maugiron écrit une lettre très-affectueuse, disant qu'il veut être leur père et qu'il n'est point étranger à la province, où il a son bien.

6 avril. — Lettre d'Henri III aux consuls de Romans :

« Chers et bien amez, le tesmoignage que nous avons tiré par ci-devant de vostre fidelité et celluy qu'avons donné à tous nos subjets de nostre bonne intention à leur soulagement, par le soing continuel que y avons rendu despuis nostre advenement à ceste couronne, sans qu'ils ayent cogneu aultre voulante en nous que de pourvoir, par le meilheur et plus prompt remède que faire se pourroit, à leurs griefs et doléances, n'ont peu permettre qu'aions prins aultres oppinions que d'une ferme perseverance en vostre debvoir et obeyssance accoustumées, en quoy nous avons esté encore de nouveau confirmé par ce que nostre amé et féal lieutenant général en nostre pays de Daulphiné, le sieur de Maugiron, nous a tesmoigné de vos personnes et efforts à l'entreprise de Châteaudouble soubs vos authorités, et de la retraite et séparation des trouppes qui y estoient assemblées aussitost faict qu'il l'a heu commandé, avec protestation d'ung chacung en général et particulier de nous vouloir toujours demeurer fideles et obeyssants subjects. Et d'autant que pour avoir esté faicte ladite assemblée sans nostre permission ou de nostre lieutenant général, vous pourriés craindre qu'il nous en demeure quelque malcontentement, nous vous promettons par les présentes que la mémoire de tous ces désordres advenus en cest endroit demeurera pour jamais esteinte et ensevelye, sans estre renouvellée en quelque sorte, ny par quelque moyen que ce soit; ne nous voulant souvenir y estre faict mémoire que du bon service que nous avons receu de vous et de nos subjects à la susd. entreprinse, dont nous savons tres bon gré; vous asseurant que en tout ce qui concerne le soulagement du peuple et dont nous serons requis pour cest effect, nous l'aurons tousjours en la plus grande recommandation que l'estat de nos affaires pourra porter.

» Donné à Paris, le vi^e jour d'apvril 1579.

» Henry. »

27 avril. — On requiert à Romans des maçons et des pionniers pour coopérer à la démolition de Châteaudouble.

12 mai. — Le conseiller Thomé est envoyé à Romans par de Maugiron. Il fait le règlement de police suivant :

« Est inhibé et deffandu à tous, de quelque estat et condition qu'ils soient, de jurer ou blasphémer le nom de Dieu, sur peyne de l'édict et autres arbitraires.

» Et si est enjoint et recommandé à tous les habitants de ceste ville ayant serviteurs ou aultres étrangers en leurs maisons d'en faire déclaration dans vingt quatre heures par devant Monsieur le juge de ceste ville, et aprés s'en déporter sellon que luy sera ordonné, sur peyne de cinquante escus d'amende. Et à tous estrangiers, gens sans adveu et autres vagabonds de vuyder la ville dans mesme delay, sur peyne de la hart.

» Est inhibé et deffandu à tous hosteliers, cabaretiers et aultres de recepvoir en leurs logis aulcuns estrangiers, sans en venir faire déclaration aud. juge dans une heure apres que les estrangiers y seront arryvés, et de se saisir de leurs armes à feu, encore que lesd. estrangiers fussent parents et cogneux des hostes où ils logeront, sur peyne auxd. hostes d'un escu d'amende pour chascune fois qu'ils contreviendront.

» Pareillement est inhibé et deffandu auxd. habitants et aultres de sortir hors leurs logis, aller par la ville après la retraite sonnée, sortir hors la ville et se joindre aux trouppes qui se pourroient assembler en quelque temps, heure ou occasion que ce soyt sans permission et conduicte de leurs cappitaines.

» Est inhibé en oultre auxd. habitants se quereler et molester de faict et de parolle, pour quelque cause ou occasion que ce soyt, ains se retireront à justice, le tout sous peyne de bannissement. Ceulx qui servent à la guerre sans permission se retireront dans un mois en leur domicile, sur peyne de confiscation de leurs biens. »

19 mai. — Tous les habitants de Romans, chefs de famille, étaient classés par profession en quatre catégories, qui chacune élisait un consul. Chaque consul choisissait à son tour quatre conseillers, et tous ensemble formaient le conseil de la ville.

Les séances de ce conseil étaient publiques, et ceux qui le voulaient y assistaient dans une tribune, d'où trop souvent ils troublaient et influençaient les délibérations par de bruyantes démonstrations. Pour faire cesser ces désordres, le juge royal proposa à l'assemblée d'augmenter le nombre de ses membres et d'expulser le peuple de la tribune. Cette proposition fut adoptée et le juge autorisé à choisir vingt membres supplémentaires. Un peu plus tard ladite tribune fut démolie sous prétexte de vétusté.

19-20 juillet. — La reine-mère, Catherine de Médicis, demeure deux jours à Romans pour entendre les plaintes et la justification du sieur Paumier, qui exerçait la charge de commandant de la ville sans l'autorisation du roi. Il répondit que le peuple l'avait élu, non contre le service de Sa Majesté, mais pour « la conservation du *pauvre peuple* et pour poursuivre ses justes remontrances contenues dans ses cahiers ».

La reine, ne se sentant pas en mesure de destituer ce chef démagogue, se contenta de lui commander, sous peine de la vie, de faire contenir le peuple en modestie, sans émotion, en attendant la résolution qu'elle comptait prendre à Grenoble [1].

Sur la prière de la noblesse, elle fit enlever de Romans deux pièces d'artillerie, qu'elle ordonna de conduire à Lyon, de crainte que la ligue ne s'en servît.

Août. — Une lettre de la même princesse aux consuls et habitants de Romans, annonçant la convention de Montluel, est conçue en ces termes :

« Messieurs, combien que j'aye envoyé autant de l'impression qui sera avec ceste lettre enclauze au vibaily de S. Marcellin, pour la faire publier par tout le ressort, et que je m'asseure qu'il n'y fauldra; toutesfois, je vous ay bien voulu aussi faire tenir

---

(1) Voici comment Catherine de Médicis raconte son séjour à Romans dans sa correspondance avec son fils, le roi Henri III : « Ceulx de ceste ville de Romans sont venus au-devant de moy en bon nombre et qui estoient armez. Leur capitaine, appelé Pommier, qui est marchand drappier, m'a faict une sommaire harangue de ma bienvenue, et j'ay remis à parler demain à tous ceulx de ceste ville ensemble, y séjournant pour ce qu'il est dimanche. Aussy que je seray bien ayse de parler à luy. Cependant je vous diray que ledict Pommier a si grand crédit et autorité parmi ces ligues qu'au moindre mot qu'il dict il faict marcher tous ceulx de ceste ville et des environs. »

(*Revue des Soc. sav. des départ.*, 1863, t. I, p. 255.)

autant de lad. impression, vous mandant et ordonnant la faire incontinant publier à Romans, et icelle garder, observer et entretenir de poinct en poinct, sellon sa forme et teneur, sur les peynes y contenues. Vous mandant et ordonnant aussi vivre en paix et repos les ungs avec les aultres, sans aulcunes questions, ny desbats. Mais s'il s'en presentoit aulcune occasion, suyvre le contenu en iceluy acte ou promesse cy dessus mentionnés, entendant soigneusement pour les choses susd. et pour les affaires qui se pourront presenter, tant pour le service du roy, Monsieur mon fils, que pour les affaires de la ville, au conseil, advis et assistance de Monsieur de Valence, que je m'asseure qu'il s'acquittera dignement pour l'honneur qu'il a d'estre l'ung des principaux officiers de vostre ville. Priant Dieu, Messieurs, vous avoir en sa saincte et digne garde.

» Escript à Grenoble, le   jour d'aoust mil cinq cent soixante neuf.

» CATHERINE.   PINART ».

Suit une lettre d'envoi du lieutenant général de Maugiron, datée de Grenoble du 15 du même mois.

La publication de cette convention, dite de Montluel, eut lieu le 4 septembre suivant, par les soins de Roger, seigneur de Bellegarde, maréchal de France, et le 8, par de Maugiron.

1580

14 février. — Le dimanche avant carême on fit à Romans, en signe de réjouissance, deux *royaumes*, l'un par les amis de Jean Serve, dit Paumier, capitaine de la ville et général de la ligue, l'autre par des gens du peuple; ce qui donna lieu à des branles et mascarades, durant lesquelles ces derniers disaient que les aisés de la ville s'étaient enrichis aux dépens des pauvres *guignants;* qu'il fallait leur faire restituer, etc. Plusieurs notables bourgeois et marchands se sentirent piqués et résolurent de se venger. Dans ce but, ils firent le lundi à l'hôtel de ville un troisième royaume, dans lequel ils attirèrent des gens riches, et même le capitaine Laroche, cordier, qui fut roi de ce royaume. On se réunit le soir : après le souper on commença le bal ; le peuple y accourut. Alors les hommes des deux factions sortent tous armés et chargent les uns contre les autres ; plusieurs sont massacrés, et le capitaine Paumier, étant descendu devant sa porte pour s'informer de ce qui se passait, fut tué d'un coup de pistolet. Le désordre dura trois jours, pendant lesquels les portes de la ville restèrent fermées. Ensuite les Romanais, d'accord avec la noblesse des environs, firent des courses dans la campagne, tuant les paysans « comme pourceaux [1] ».

17 février. — « Après ce que M. le juge ayant remontré ce qui est advenu ces jours passés sur les desseins, conspirations et entreprises du capitaine Paumier et autres ses complices, qui avoient voulu attenter sur les gens d'honneur de la ville, conspirer la mort et massacre d'iceulx, et, pour ce faire, se seroient mis en devoir de faire entrer des villageois en bon nombre pour favoriser leur entreprise », il est conclu par l'assemblée que les portes de la ville seront murées, excepté celles de Jacquemart et du Pont, pour obvier à toute surprise, et, pour plus de sûreté, les complices dudit feu Paumier et les conspirateurs d'une si condamnable entreprise seront désarmés et resserrés le plus promptement qu'on pourra.

18 février. — Les seigneurs de Montelier, de Charpey, de Brette et de Bayanne, venus dans cette ville pour porter secours et assistance, désirant se retirer, il est arrêté que la ville règlera et paiera leurs dépenses à l'hôtel.

27 février. — Sur la plainte des habitants de la Valloire, demandant qu'il fût fait justice de ceux qui avaient « meurtri le populat », une commission du parlement se rend à Romans, sous l'escorte de trois compagnies de soldats : celles de Veaunes, de La Croze et de La Balme. Cette commission était composée

---

(1) V. le *Mémorial* d'Eustache Piémont. Peut-être faut-il voir dans ces événements la mise à exécution d'un complot ourdi pendant le séjour de Catherine de Médicis à Romans.

de M. J. de Buffevent, président; François Ruzé, avocat général; de six conseillers : Jean du Vache, Georges Bailly, Claude Berthier, Henri Ferrand, Pierre Duchemin, François Reynaud; de deux secrétaires et d'un huissier. La cour fit tout d'abord une ordonnance prescrivant de remettre les armes entre les mains de la justice et annonçant que le peuple serait absous, mais que les chefs, s'ils étaient saisis, seraient pendus et étranglés.

8 mars. — On publie un arrêt du parlement qui ordonne le désarmement de la ville et défend, sous peine de la vie, aux marchands de vendre et aux habitants d'acheter des armes. Les armes, les enseignes et les tambours seront déposés en lieu sûr.

10 mars. — La commission du parlement établie à Romans siégea en cour criminelle du 10 mars au 24 avril. Elle jugea 89 accusés et prononça les condamnations suivantes : 44 à la peine de mort, parmi lesquels 10 furent exécutés, 1, décédé, à la flétrissure de sa mémoire, 4 à dix années de galères, 1 à la fustigation, 7 acquittés, 61 contumaces à être appréhendés au corps. En outre, tous furent condamnés à diverses amendes et à la confiscation de leurs biens au profit du roi, montant ensemble à 15,563 écus. La cour rendit aussi plusieurs arrêts pour légaliser la vente de ces biens et pour fixer le chiffre des reprises dotales réclamées par les femmes et les enfants des condamnés.

Voici la reproduction textuelle du premier jugement, qui est le plus intéressant; pour les autres, un résumé sommaire suffira :

« Veu par la cour le procès formé extraordinairement contre Guillaume Robert, dit Brunat, marchand, et Joffroy Fleur, boucher, de Romans, détenus prisonniers, et même le procès-verbal de M.ᵉ Antoine Guérin, juge royal, faict dès le 9ᵉ de février l'an 1579 jusques au 15ᵉ de février dernier inclusivement; les informations prises contre les factieux, séditieux, rebelles et conspirateurs sur la ville de Romans; les responses desdits Brunat, Fleur et autres détenus prisonniers ès prisons de Jacquemart de Romans, sçavoir : de Jean Terrasses, dict le But, Pierre Lambert, dict le Gros, Pierre Balthazar, Christofle, dict Guigonnet, Louis Fayon, Jean Besson, dict Messacre, Jacques Jacques, François Drovet, Simon Tisserant, Balthazar Baboin, Jean Chion, Jean Lile, Antoine Racine, Matelin de Meures, Jean Racousse, François Robin, Antoine Merdel, Benoit de Truys, Jean des Armes et Antoine Magnat; l'acte receu par led. Brunat, du 12 février 1578, signé Guérin, juge, Ricol, Humbert, Leroy et par led. Brunat; les conclusions du procureur du roy; l'arrest de la cour, où il est dict que les tesmoings seront recollés et après confrontés auxdits accusés; les actes de recollement et confrontations des tesmoings; les responses faictes en la chambre du conseil par lesd. Brunat et Fleur, le 7 dudit mois; les despositions dud. Guérin, juge, et Ricol, secrétaire de la ville de Romans, nommé par led. Brunat pour sa décharge; l'acte de provision de curateur faicte tant au vrai que pour desfaults; la condempnation de la mémoire de Jean Serve Paulmier; la déclaration dud. curateur qu'il n'avoyt moyen d'empescher lad. condempnation; les conclusions définitives dud. procureur général du roi, le 7ᵉ dud. mars; le tout considéré;

» La cour a déclaré et déclare lesd. Guillaume Robert, dict Brunat, Geoffroy Fleur, accusés, atteints et convaincus de crime de lèze-majesté, pour réparation et punition duquel les a condempnés à estre deslivrés entre les mains de l'exécuteur de la haute justice, qui les fera traîner sur une claye par les carrefours et rues accoutumées de ceste ville de Romans, despuis les prisons où ils sont détenus jusques en la grand'place, et illec en deux potences, à ces fins dressées, estre pendus et estranglés, où leurs corps demeureront vingt-quatre heures, et passé led. temps, le corps dud. Brunat mis en une potence hors la porte de Clérieu, et le corps dud. Fleur en une aultre potence hors la porte de Jacquemart, pour y demeurer jusques à ce que les corps soient consumés; et outre condempnés lesd. Brunat, Fleur le chacun d'eux envers les consuls et communauté de la ville de Romans en deux cents escus, et aussy le chacun d'eux en trente escus, applicables la moitié au couvent des Cordeliers de ceste ville et moitié aux pauvres de l'hospital, et aux despens et frais de justice; déclare les enfans masles dud. Fleur infâmes et incapables de toutes successions. Néantmoings ordonne qu'avant l'exécution réelle de mort yceulx Brunat et Fleur seront plus amplement enquis, par questions et tortures, sur leurs complices et fauteurs. Et, pour le regard dud. Jean Serve, dict le Paulmier, lad. cour le déclare avoir esté criminoux de lèze-majesté et chef de séditieux et rebelles, pour réparation duquel crime a condempné la mémoire dud. Serve, ordonne que son corps sera déterré et pendu par les pieds ès fourches patibulaires de ceste ville de Romans, et en cas où led. corps ne pourroit estre retrouvé, sera exécuté en effigie en lad. place, et, en outre, adjugé au roy sur les biens délaissés par led. Serve quatre cents escus d'amende et deux cents escus aux consuls de la ville de Romans, et trente escus applicables la moitié aux pauvres de l'hôpital de lad. ville, et declare le surplus des biens desd. Brunat, Fleur et Serve acquis et confisqué au roy, sauf à lad. Enmonette Serve et à Alix Fleur d'obtenir la troisième partie des biens maternels pour leur légitime, à la forme du droict....

» Publié aud. Fleur ès prisons de dessus le pont [1], présents Mrs Jean du Vache, Georges Bailly, Claude Bertier, conseillers, et François Ruzé, advocat général en la cour, ce jeudy x[e] mars mil cinq cens quatre vingts.

» Publié aussy aud. Robert Brunat, en présence de M.[rs] les conseillers Bailly, Bertier et Ruzé.

» Et despuis, l'exécution et mort naturelle des susd. est ensuivie en la place publique de lad. ville de Romans [2].

» J. DE BUFFEVENT.   Georges BAILLY. »

La cour ordonne que les nommés Chabert, de Saint-Paul-

---

(1) C'est-à-dire dans la tour qui existait alors au milieu du pont.

(2) Par lettres du 25 mars le roi félicite la commission du parlement d'avoir diligemment procédé contre les séditieux et de ce que deux d'entre eux ont déjà été exécutés. Il ajoute qu'il n'oubliera pas la vertu et la fidélité avec lesquelles les habitants de Romans ont prévenu les desseins des factieux et les notables témoignages de dévouement qu'ils ont donnés à cette occasion.

lès-Romans, Michel Barbier, de Champlong sur Saint-Paul [1], Adenet, dit le Blanc, de Peyrus, bourgeois de Curson, Barrin, dit Lacour, de Beaurepaire, Colombet, de Serre, François Perrolier, de Valence, Saurbin Raynol et le procureur Lyasse, de Vienne, le cappitaine Cerf, de Grenoble, Boisson, hôtelier de Saint-Michel sur Grenoble, Montagins, de Bourgoing, et Carles, de Saint-Symphorien-d'Ozon, seront pris au corps et amenés aux prisons de Jacquemart à Romans, pour être ouïs sur les interrogatoires qui leur seront faits, avec saisie de leurs biens jusqu'à ce qu'ils aient obéi. Fait à Romans, le 12 mars 1580.

La cour a déclaré Antoine Coindat, notaire royal et châtelain de Bellegarde, au bailliage de Vienne, atteint et convaincu du crime de lèse-majesté et s'être rendu chef des rebelles assemblés sous le nom de ligues, et pour réparation duquel crime l'a condamné à être pendu sur la grande place de Romans et sa tête portée audit lieu de Bellegarde, en mille écus d'amende, son office confisqué au roi, et appliqué à la torture. Publié le 29 mars 1580.

La cour déclare Jean Morat, dit Ragousse, laboureur, Antoine Fresne, dit Pain-blanc, boulanger, et Mathelin des Mures, potier, convaincus du crime de lèse-majesté et les con-

---

[1] Michel Barbier, *dit* ou *de* Champlong, originaire de Saint-Paul, épousa, le 3 avril 1566, Jeanne de Latour, dotée de 4,300 livres et 100 livres pour robes. Aussitôt que l'édit d'amnistie au sujet des ligues le lui permit, il vint s'établir à Romans en qualité d'avocat. Il acquit en peu de temps dans cette ville beaucoup de considération. Il était premier consul lorsqu'il fut enlevé par la peste, dans le mois de juillet 1586. La bulle d'or, c'est-à-dire la charte de priviléges que l'empereur Charles IV avait accordée en 1366 aux Romanais, était habituellement confiée au premier consul. On trouve, au sujet de cette bulle et de Barbier de Champlong, la note suivante dans un *Inventaire des papiers et documents de la maison consulaire :* « Ladicte pièce estoit dans la maison de feu Michel Barbier de Champlong, premier consul, par le décès duquel de maladie contagieuse, sa maison infectée et par certains volée et saccagée, comme a esté tout notoire, et par ce moyen le sceau d'or esgaré. »

damne à être pendus sur la grande place de Romans et chacun à 160 écus d'amende. Fait le 29 mars 1580.

La cour ordonne que les nommés Énode, dit Guillet, de Crespin, notaire de Beaurepaire, le greffier Callier, dudit lieu, Sables, châtelain de Moras, Jean Douze, dudit lieu, Vidal Laurent, de Bellegarde, le baron Bruya et le capitaine Verdier, de Vienne, seront saisis au corps et conduits dans la prison de Jacquemart, leurs biens saisis. Publié le 30 mars 1580.

La cour condamne à la peine de mort par contumace les nommés Claude Tarot, dit Bas-jarret, Gaspard Dangier, Jacques Charles, dit Pataru, Étienne Romestin, dit le Gosson, Jean Chapeysson, Antoine Pascal, dit la Nyère, Ambroise Février, Guillaume Lisle, François Gastier, Jean Bruas, Gouet Robin, Jean Jacques, Jacques Leseillier, Mathelin Perron et Pierre Millier, dit Gilard, accusés et défaillants. Publié le 30 mars 1580.

La cour condamne comme complices sur la conjuration de la ville de Romans et coupables du crime de lèse-majesté Simon Tisserand, Pérollier et Antoine Nicodel, maréchal, de Romans, détenus prisonniers, à être pendus sur la place publique de ladite ville. Publié le 30 mars 1580.

La cour condamne Jean Lisle, charpentier, à être pendu; Jacques, cordonnier, Jean Besson, dit Messagier, marchand, Jean Tenassier, dit Lebut, laboureur, Pierre Fayol, laboureur, à assister la corde au cou à l'exécution, à être battus de verges et à dix années de galères, puis au bannissement; Antoine Bonnardel, dit Cogne, cardeur au Péage, à assister la corde au cou à l'exécution et à être battu de verges; Jean Chion, marchand, François Drevet, boucher, Pierre Lambert, dit Legros, Perrort, charpentier, François Robin, marchand, Balthazar Baboin, couturier, et Balthazar Cristofle, laboureur, à assister à l'exécution; et, en outre, défend aux habitants de s'assembler en armes sous quelque prétexte que ce soit. Publié le 12 avril.

Vu par la cour les informations sur l'assassinat commis en la personne de Claude Montanil, d'Hauterives, condamne Claude

Buisson, meunier, à la peine de la roue et à 350 écus d'amende. Publié le 14 avril.

Au milieu d'une émeute faite au son des cloches et des tambours, des gens armés envahirent les paroisses de Veaunes, de Curson et de Chanos. Jérôme Veilheu, docteur en droit, juge de la baronnie de Clérieux, Claude Seyvon, châtelain du même lieu, et Jean Seyvon, greffier, furent assassinés et eurent leurs maisons pillées. Sur la plainte des familles et les informations faites par le vibailli de Saint-Marcellin le 25 mai 1579, la commission du parlement séant à Romans prononça, le 20 avril 1580, les condamnations suivantes :

Pierre Girard, dit Dourier, laboureur, Benoît Pales, dit Montmiral, meunier de Curson, à être pendus sur la grande place de Romans et leurs têtes portées à Veaunes, pour y être mises sur des poteaux au-devant de l'église ; Jean-Antoine Berger, dit le capitaine Bergeza, Étienne Gonet, hôte de Curson, et Jean L'Hoste à être roués ; Jean-Antoine Gay, dit Burlet, Guillaume Coste, Jean Feliareza, Guigues Feliareza, André Cossuen, dit Regnardet, Mathieu Colin, Claude Morluet, berger, Pierre, fils de Jean, meunier de La Baume, et Jean-Guyon Rivoire, contumaces, à être pendus à Veaunes, et en attendant seront exécutés en effigie, leurs biens confisqués et appliqués en amendes et frais. Les cloches de la paroisse de Veaunes seront descendues du clocher et portées en la maison consulaire de la ville de Romans ; tous les tambours des lieux de Veaunes, Curson et Chanos seront brisés et rompus ; toutes les armes offensives et défensives consignées en la maison consulaire de Romans dans le délai de huit jours ; enfin, onze autres citoyens desdits lieux seront appréhendés et conduits dans les prisons de Jacquemart pour être plus amplement informé ; et les héritiers de Jean Rome, dit Camel, décédé pendant le procès, seront ajournés devant la cour pour se défendre contre les conclusions des demandeurs.

Plusieurs gens des ligues étaient entrés en armes et avec violence dans la maison d'Antoine de Gaste [1], à Peyrins ; ils

---

(1) Marié à Marguerite Veilheu, dont il eut deux fils : François et Charles,

avaient rompu des coffres, enlevé du linge, des habits, des bijoux et des papiers pour une valeur de 600 écus. La cour condamna à être pendus pour ce fait Jacques Robin et Claude Amelin, contumaces, et chacun d'eux à 200 écus de dommages envers ledit de Gaste, et le reste de leurs biens acquis au roi. 22 avril.

« La cour, extraordinairement assemblée, aïant égard à ce que les procès criminels contre la plupart des accusés de la sédition de Romans et lieux proches auroient esté par elle instruits et jugés..... a clos sa séance en lad. ville de Romans et a arrêté de s'acheminer en la ville de Vienne, pour pourvoir à ce qu'il reste à faire pour le faict de sa commission. » Fait à Romans le 25 avril 1580.

C'est à Vienne que la commission du parlement reçut l'édit du roi du 26 avril, par lequel S. M. pardonnait les séditions et les crimes pour cause de ligues, à condition que les coupables rentreraient paisiblement dans leurs maisons, excepté les chefs et auteurs desdites séditions [1].

20 mars. — Par une lettre datée de Saint-Étienne, le lieutenant général de Maugiron, pour la sûreté de la ville de Romans, envoie à M. de Veaunes [2] une provision pour commander cette ville et lever une compagnie de 200 hommes de

---

une fille, nommée Clauda, qui épousa Jean de Solignac, seigneur de Veaunes. Marguerite Veilheu se remaria avec Pierre de Magnat, conseiller au parlement de Paris.

(1) *Registre des arrests rendus par veu des procès aux affaires patrimoniales et criminelles en l'année* 1580. B. 2089 (Archives du parlement de Grenoble).

(2) Antoine Solignac, seigneur de Veaunes et d'Apremont, homme d'armes de la compagnie de Clermont. Le lieutenant général de Gordes lui avait déjà, en 1572, donné le commandement d'une compagnie de cent hommes à la solde des habitants de Romans. A la procession qui eut lieu à Saint-Antoine, le 10 mai 1584, il fut un des quatre seigneurs qui portèrent les reliques du patriarche des cénobites. Il acheta au chanoine Michel, au prix de 533 écus, la maison dite du *recteur*, près du Vivier, qui fut donnée plus tard pour l'établissement du couvent de la Visitation. En 1585 il devint gouverneur de Die,

pied. Il fixe en même temps la solde de cette compagnie, qui constitue pour la communauté de Romans une dépense de 766 écus par mois.

8 avril. — La ville donne le prix fait à Pierre Grangier, orfèvre, d'une certaine quantité de poudre, moyennant treize écus un tiers le quintal, et pour la fonte de sept pièces d'artillerie.

28 avril. — Lettre d'Henri III aux consuls et habitants de Romans :

« Chers et bien amez, d'autant plus que journellement nous appercevons la mauvaise volunté et infidellité de plusieurs, nous est aussi infiniment agréable l'affection et loyauté de nos bons subjects. Nous avons esté duement informez de quelle promptitude et bon cueur vous vous estes employés et évertués pour conserver votre ville soubz notre obeyssance, cognoissant bien que sans une singulière prévoyance et dextérité votre icelle estoit pour tumber en malheurs et désordres qu'aulcungs aultres ont esprouvés. Vous avez en cest endroict faict un service tres notable pour notre contentement et votre bien particulier et pour tout le général du pays, au moyen de quoy nous vous en scavons extrêmement bon gré et désirons que l'occasion s'offre pour faire démonstration de notre bonne volunté en votre endroict. Celluy qui commencea le premier, Jean Jomaron[1], est digne avec autres d'une bonne récompense, à quoy aurons esgard ; vous exhortant au surplus de continuer à croire et satisfaire à ce que le sieur de Maugiron, notre lieutenant général par delà, vous fera entendre de notre intention, sans y faire faulte, car tel est notre plaisir. Donné à Paris, le xxviii° jour d'apvril 1580.

» HENRY. »

---

(1) Jean Jomaron, frère de Gaspard, contrôleur des guerres, était employé aux vivres. Il devint receveur de la ville en 1595. Il se trouva parmi les citoyens qui entreprirent le siège de la citadelle dans la nuit du 19 octobre 1597. Il mourut le 2 novembre 1637.

14 mai. — Jean-Paul Bruère et Jean Bernard, consuls, députés pour assister aux Etats convoqués à Voiron, avertis des dangers que les protestants font courir aux voyageurs, se décident à attendre les députés de Valence pour se joindre à eux. M. de Veaunes, commandant dans Romans, offre deux de ses chevaux et des soldats pour servir d'escorte.

Les habitants de Romans sont requis de fournir pour la démolition de la tour du château de Peyrins des travailleurs, qui se paieront avec les matériaux.

14 juillet. — Henri III écrit aux habitants de Romans pour les féliciter de nouveau de leur fidélité. Il s'excuse, vu l'urgence de ses affaires, de ne pouvoir les libérer, comme ils le demandent, d'une dette de 18,000 écus contractée pour les frais de la guerre; « mais il espère les gratifier en quelque autre meilheure occasion ».

1ᵉʳ septembre. — Une armée forte de 8,000 hommes de pied et de 2,000 chevaux, commandée par le duc de Mayenne, est réunie à Romans, d'où elle part pour aller assiéger Châteaudouble.

9 décembre. — D'après la répartition par le duc de Mayenne des cantonnements du régiment du sieur du Passage, la ville de Romans reçoit en garnison les compagnies de Maubec, de Chevallon et de La Fardière.

1581

23 juillet. — Le duc de Mayenne envoie à Romans le conseiller Giraud pour y faire un emprunt de 1,500 écus. Le sieur Thomas du Parc, conseiller général des vivres, requiert de son côté la fourniture de 400 charges de blé et de 350 charges de vin pour les troupes du camp de Lyon.

On assembla aussi autour de Romans des troupes, qui demeurèrent dix jours : une partie alla s'établir à Alixan et l'autre à Châteauneuf-d'Isère. Les Suisses restèrent dans la ville « pour
» y boire le vin tourné, dont il y avoit bonne provision ».

17 octobre. — Les consuls sont députés à Grenoble pour y complimenter le duc de Mayenne. Le 10 novembre suivant la ville envoya un exprès porter un bassin d'argent pour être offert à la duchesse de Mayenne.

Octobre. — Le roi accorde des lettres d'anoblissement à Antoine Guérin, juge royal de Romans, en récompense de sa conduite courageuse et loyale pendant les troubles de religion.

7 novembre. — Le vibailli de Saint-Marcellin transmet un ordre du duc de Mayenne prescrivant aux consuls de Romans d'envoyer 25 pionniers munis de pics et de pelles pour travailler à la construction de la citadelle de Valence. Ils seront entretenus et nourris par le pays.

1583

10 juin. — Sur la plainte du capitaine Coste de la mauvaise administration du gardien du couvent des Cordeliers, les consuls font écrire au P. provincial de vouloir bien envoyer des autres gardiens, accompagnés de tel nombre de religieux qu'il jugera à propos.

24 août. — M. Gaspard de Gillier [1] remontre, au nom de tous les avocats de Romans, ses confrères, combien ils sont grevés de ce qu'on les inscrit sur les rôles, où ils sont cotés à raison de leurs personnes aux tailles pour leur capage, ce qui est rendre leur état vil et contre tous les droits, privilèges et immunités de leur profession.

---

(1) Gaspard de Gillier, fils de Jean et de Madeleine Vacher, écuyer, docteur en droit. Il devint juge de Pisançon en 1594 et conseiller protestant dans la chambre mi-partie par lettres du 6 août 1599. Il présenta le 4 mai 1620, en son nom et au nom de ses frères, ses lettres d'anoblissement à l'assemblée municipale, pour les faire enregistrer. Il eut de Louise Chastaing de Lapassa, qu'il avait épousée le 8 janvier 1583 : 1° Michel, baron de La Bâtie et Beauregard, conseiller au parlement le 29 mars 1608, en remplacement de son père ; 2° Gaspard, mort en duel à Paris ; 3° Philippe, seigneur de La Frette, marié à Doucette de Portes ; 4° Marie, qui fut la femme du baron de Lassara, au pays de Vaud.

1584

4 avril. — Le lieutenant général de Maugiron écrit plusieurs lettres au juge et aux consuls de Romans pour donner aux religionnaires qui s'étaient enfuis dernièrement de la ville l'assurance qu'ils sont toujours sous la protection des édits de pacification. Il demande en outre des renseignements sur les menaces et les intimidations dont se plaignent les dissidents. Il est décidé qu'on fera exactement les gardes et patrouilles, surtout la nuit, et que M.ᵉ Simon Raymond-Merlin, premier consul [1], sera envoyé vers M. de Maugiron.

1585

28 mars. — Sur l'avertissement envoyé de Saint-Nazaire par M. de Claveyson [2] que ceux de la religion réformée s'apprêtaient à s'emparer de quelques villes, les Romanais courent aux armes et mettent de fortes gardes aux portes de la ville. De Maugiron vient à Romans le surlendemain, approuve

---

(1) Simon, docteur en droit, fils de Jean Raymond-Merlin, célèbre pasteur protestant, et de sa seconde femme, Jeanne Robert, native de Berne. Il fut élu, le 25 mars 1583, conseiller de la ville de la première qualité et délégué le 24 août, avec le secrétaire du conseil municipal, pour aller se joindre aux commis des États de la province, qui devaient présenter les cahiers de doléances des députés au roi à son arrivée à Lyon. Il avait épousé une fille d'Antoine Guérin, juge royal.

(2) Charles de Claveyson, seigneur de Mercurol, Mureils, Claveyson, chevalier des ordres du roi en 1569, gentilhomme de la chambre, né le 3 mars 1547, marié le 30 juin 1574 à Élisabeth de Bauffremont, qui lui donna treize enfants, parmi lesquels deux filles qui prirent le voile, l'une au Puy et l'autre à Avignon. Charles de Claveyson était très-attaché à la religion catholique : il se qualifiait de *Philostaure (ami de la croix)*. Il s'occupa beaucoup de controverses et fit imprimer en 1615, chez Ch. Michel, à Tournon, ses *Œuvres meslées*, dédiées au roy.

ce qu'on avait fait et envoie à Saint-Marcellin l'ordre de prendre les armes.

19 avril. — Lettre du lieutenant général aux consuls de Romans :

« Messieurs les consuls, j'ay esté adverty que Oriac s'est saisy de la ville de Gapt, il est parent de Lesdiguières, et ont faict par ensemble ung ralliement grand : aussi le visénéchal de M. ...... avec Ancone en ont faict de mesme et ont sorty le cap.^{ne} La Rotière du château où il commandoit. Je vous prie, mes bons amys, ne permettés, par sages prudences, qu'il soit uzé de telles perfidies en v^{re} ville et continués comme avez faict jusqu'icy ; vous asseurant qu'il ne vous en peult advenir que ung très grand bien et à v^{re} postérité, car j'en ay donné toute asseurance au roy et lui ay respondu de vous. Il faict lever douze mille suisses, dix mille reytres, soixante compagnies de cavallerie et vingt mille françays. La reyne aussi est allé treuver Monsieur de Guyse, qui me faict espérer que toutes choses se pourront, avec l'ayde de Dieu et des bons subjets, remettre. Je vous prie me faire response, laquelle attendant, je prie Dieu vous donner, Messieurs les consuls, sa grace.

» A Grenoble, le ix apvril mil vcLxxxv.

» Sa Majesté n'a nulle confédération avec le roy de Navarre, quelques offres qu'il luy aye faict de luy estre aydant. Le roy lui a respondu qu'il viendra bien à bout de ses ennemys sans luy. Les hugueneautz prennent les armes partout cest estat. Prenez vous bien garde, et ce que voudrés de moy vous l'aurés. V^{re} inthime amy à jamais.

» Maugiron. »

18 avril. — Lettre du parlement au sujet de l'envoi à Romans du conseiller Michel Thomé.

Autre missive de Maugiron recommandant aux habitants la fidélité qu'ils doivent au roi, à l'occasion de la nouvelle prise d'armes des huguenots, les invitant « à chasser les malins esprits qui pourroient séduire les plus simples pour les distrayre de l'obéissance qu'ils doivent à S. M., qui a assez de moyens de garantir ses bons subjets des oppressions que les turbulents leur voudroient faire... » Le conseiller Thomé développe ces recommandations et rappelle qu'il est natif et originaire de Romans.

22 avril. — La ville achète des bateaux et des palanques pour sa défense du côté de l'Isère.

31 mai. — Lettre de la cour du parlement aux consuls de Romans.

« Consuls [1], vous avez faict avec les habitants de v^{re} ville une si ouverte démonstration du zelle que vous avés au service du roy et à conserver v^{re} d^{te} ville soubz son obeyssance et conservation de ses edicts, que nous avons très grande occasion de vous en contanter et de le tesmoigner à Sa Magesté, à quoy nous ne manquerons, vous exortant néantmoings de vouloir continuer et d'avoir les yeulx ouverts à la garde de v^{re} d^{te} ville et y contenir les subjets de Sa Magesté, conformément à ce qui est de son intention, sans souffrir qu'ils prennent aultre party que le sien. A quoy nous estimons que vous tiendrés la main et nous donnerés advis de tout ce qui se passera en v^{re} ville.

» Sur ce nous prions Dieu, consuls, vous tenir en sa garde.

» De Grenoble, le dernier de may 1585. Vos bons amys les gents tenant la cour de parlement de Daulphiné.

» FUSTIER. »

25 août. — Lettre du lieutenant de Maugiron, informant

---

(1) Consuls ! Le parlement, on le voit, le prenait de plus haut avec les magistrats municipaux que le roi lui-même, avec qui le peuple avait alors le droit de traiter directement. Aussi un courtisan, dauphinois probablement, dit plaisamment à Henri IV, quand il fut reconnu roi de France : Sire, il ne vous manque plus que d'être nommé conseiller au parlement de Grenoble.

les consuls que, à la suite d'un conseil de guerre tenu à Tullins, il a été décidé de former dans le Valentinois un magasin de grains, pour lequel les villes des environs devront fournir des avances. L'assemblée de Romans décide que cette ville y contribuera pour 200 sétiers de blé.

29 août. — Séjour à Romans de Mgr de Tournon, accompagné d'une nombreuse suite de personnes de la noblesse, de gens d'armes et de gens de pied. La ville fournit les vivres nécessaires. Le même jour le régiment du Passage traverse la ville, allant au siége de Montélimar.

7 septembre. — Établissement à Romans d'un service de poste, composé d'un guide et de deux chevaux, pour le transport des dépêches de M. de Maugiron et des particuliers, qui paieront suivant le tarif.

Octobre. — Le lieutenant général et le conseil du roi s'établissent à Romans. Différents ordres sont datés de cette ville. En même temps de Maugiron y place deux compagnies de gens de pied, sous les ordres de M. de Planyer.

27 octobre. — « Sur la réquisition et instance de noble Pierre de Claveyson, tendant au consentement de la ville pour estre acommodé de la chapelle du couvent des Cordeliers, en laquelle est la sépulture de feu Perrot de Verdun, pour la faire reparer et s'en servir aux œuvres pies et divines pour sa maison, et pour y faire une entrée venant de sad. maison, qu'il a acquise de M. le trésorier Milhard.

» Conclut... en considération des mérites dud. s' de Claveyson, de l'amitié que Messieurs ses prédécesseurs, luy et tous ceulx de leur maison ont toujours portée à lad. ville, de prester consentement à l'uzage de lad. chapelle par luy requise pour lesd. œuvres pies et divines, laquelle il pourra faire reparer et acommoder ainsy que bon luy semblera, sans toutesfoys divertir ni esteindre la mémoire des fondations d'icelle, ni dudit Perrot de Verdun, attendu les biensfaicts léguez par led. de Verdun à lad. ville, dont le tableau et sa sépulture qui y est inscript sera conservé ou ung aultre remiz en son lieu pour perpétuelle mémoire; remettant ce qui concerne la construction et l'entrée aux gardien et religieux dud. couvent; le tout tant seulement pour led. s' de Claveyson, ceulx de sa maison et postérité catholiques pendant qu'ils jouiront et possèderont lad. maison [1]. »

10 novembre. — Les Romanais célèbrent par une procession générale, en présence du lieutenant général de Maugiron, la défaite de l'armée du prince de Condé, chef des protestants.

1586

14 février. — Les États de la province ayant constaté que l'entretien de l'armée exigeait une dépense mensuelle de 10,000 écus, il a été arrêté que l'on ferait sur le crédit et au nom de la province un emprunt à Lyon d'une somme de 33,333 écus 1/3 ou 100,000 livres, la livre valant 3 francs, pour la dépense de cent jours. Chacune des villes et communautés devait cautionner l'emprunteur, Guigues Thomasset, receveur

---

(1) Cette délibération jette quelque lumière sur plusieurs faits intéressant l'histoire locale. On voit que la vaste et belle habitation qui était de nos jours connue sous le nom d'*hôtel des allées,* avait été agrandie par l'acquisition d'une maison au trésorier Milhard. Toutefois, nous ne connaissons rien concernant ce Pierre de Claveyson, malgré ses mérites et les services qu'il avait rendus à la ville, si ce n'est que, le 10 décembre 1614, il légua une somme de cent écus à ses voisins les PP. Cordeliers. Peut-être était-il fils d'un autre Pierre de Claveyson, grand amateur aussi de chapelles, qui fut inhumé le 8 août 1560 dans celle de Claveyson, qu'il avait fait reconstruire et orner d'une fresque, que l'on voit encore. Il avait eu de sa seconde femme, Madeleine de Monteynard, neuf enfants.

Par son testament du 27 juillet 1574, Perrot de Verdun, riche drapier, après avoir légué toute sa fortune à des œuvres de bienfaisance, élut sa sépulture dans une chapelle de l'église des Cordeliers, où reposait déjà son frère Pierre. Ce vœu fut réalisé. Aymar du Rivail, dans son histoire des *Allobroges,* cite cette sépulture, qui fut probablement détruite pendant les guerres de religion. Ce qu'il y a de certain, c'est qu'il n'en est pas fait mention dans l'énumération et la description des chapelles de ce couvent au siècle dernier. Il résulte de ce que nous savons que la chapelle où avait été inhumé Perrot de Verdun était située près du chœur, à droite, c'est-à-dire du côté du midi.

des États. Les répondants pour Romans furent Charles Milhard, Jean Bernard, Jean Guigou, Balthazar Coste et Michel Servonnet. Cet engagement fut rédigé par un notaire et accompagné de la signature du juge royal, du procureur du roi [1], du courrier, des consuls et des conseillers, au nombre de 33, et enfin approuvé par un décret de François de Bourbon, prince des Dombes, gouverneur du Dauphiné.

Juillet. — La peste sévissant dans Romans, la compagnie du capitaine Rumfort, pour éviter la contagion, se loge dans les tours des remparts. Il est défendu aux habitants de déserter la ville, à peine de 20 écus d'amende.

---

(1) Jean Odoard, écuyer, fils de Jacques, sieur de Villemoisson, conseiller au parlement, et de Marguerite de Colombat. En 1567 il avait accompagné, en qualité de commissaire des guerres, le baron de Gordes dans l'inspection qu'il fit des places et des garnisons des Hautes-Alpes. Il s'était marié à Justine de Montoison.

La famille Odoard, dont nous sommes parvenu à établir la filiation de l'an 1270 jusqu'à nos jours, a été dernièrement l'objet d'une réclame qu'il convient de réfuter.

A l'occasion du mariage du comte Aimery de La Rochefoucauld avec Mlle Henriette de Mailly-Nesle, fille du marquis de Mailly-Nesle et de Mlle J.-B. Odoard de Hazey, un ami de la famille offrit pour cadeau de noces la note généalogique suivante, qui a été imprimée le 12 juin 1874 dans le *Figaro* : « Les » Odoard de Hazey sont issus d'un Odoard Farnèse, dont les ancêtres ont été » chantés par Le Tasse et qui est venu en France au Xe siècle. » Autant d'erreurs que de mots. La maison Farnèse ne date que du XIIe siècle. Les deux membres de cette famille qui ont porté le prénom d'Odoard (outre un cardinal décédé en 1626) sont morts l'un le 10 septembre 1646 et l'autre le 5 septembre 1693 (MORÉRI, *Dict.*; SAINT-SIMON, *Mém.*, t. XVII, p. 437, 1re éd.). Quant à l'Odoard et à son épouse Gildippe, l'*indomita guerriera*, célébrés par Le Tasse, c'est une création poétique qui n'a rien à voir avec l'histoire. La vérité est que Pierre Odoard, fils et petit-fils d'officiers monétaires de Romans, alla s'établir à Paris vers 1426. Il eut deux fils : Jean, qui fut conseiller au parlement de Paris, et Pons, qui devint conseiller en l'échiquier de Rouen. De ce dernier sont issues deux branches aujourd'hui existantes en Normandie : les Odoard de Hazey et les Odoard de Boismilon; sur lesquels l'*Armorial du Dauphiné* donne quelques renseignements. (CHORIER, *Estat politique*, t. III; GUY ALLARD, *Dict.*; MOULINET, *Notes*, Mns.)

1587

21 janvier. — De La Valette réunit les États de la province à Romans. Il demande pour ravitailler son armée une nouvelle taille de six écus par feu. Mais, vu la misère du pays, on ne lui accorde que l'entretien de 2,000 hommes de pied et 300 chevaux. Les députés lui reprochent que, « depuis deux ans, son armée n'a rien fait qui vaille ».

26 juillet. — Le capitaine Bonnet réclame une indemnité, à cause des dépenses qu'il a faites, ayant été fait prisonnier par les huguenots, alors qu'il revenait de Grenoble pour affaires de la ville de Romans.

18 novembre. — Lettre de La Valette aux consuls et habitants de Romans.

« Messieurs, j'ai veu voz mémoires, lesquels je recognoiz contenir deux chefs principautz : l'un la fidélité que vous avés toujours heue à n^{re} roy, l'autre la despense que vous prétandés ce nouveau établissement vous apporter. Sur quoy je vous direy, pour le premier chef, que je vous serey toujours bon tesmoingt de v^{re} singulière fidélité et affection ; tant s'en fault que je voulisse sur ce doubte vous donner ung gouverneur ; c'est pour d'autres considérations que je ne vous ay tenues et desquelles je ne vous ferey redictes par cestcy. Quant est de la despense, c'est chose que j'espère régler de façon que cela ne vous viendra à nulle charge ; partant je vous prieray, toute passion cessant, de vous conformer en celles à la voulante du roy en recepvant le baron de La Roche [1] pour tel qu'il plait à

---

(1) Dans le cours de ces guerres fratricides, dites de religion, la noblesse montra plus de bravoure que de vertus civiques. La plupart de ses chefs, oubliant les qualités chevaleresques de leur race, devinrent rapaces, parjures, inhumains, et poussèrent à ces déplorables luttes, parce qu'ils y trouvaient l'emploi de leur humeur batailleuse, la satisfaction de leur ambition, et que, ne payant point d'impôts, ils s'enrichissaient par le pillage. Tel fut Balthazar

Sa Magesté le vous donner, m'asseurant que vous aurés toute occasion de vous louer de la nomination que je luy ai faicte de luy ; et quand il en arriveroit aultrement, je prendrois le tort qu'il vous feroit estre faict à moy et non à vous aultres, à qui je ne tayrai d'avoir de l'obligation pour l'assistance que m'avés donnée en ceste charge, pour revanche de laquelle je vous demeure pour toujours le plus parfaict et asseuré de voz amys. Sur ce je finirey la présente en suppliant le Créateur de vous avoir, Messieurs, en sa saincte et digne garde.

» A Valance, ce xviiie jour du mois de novembre 1587.

» V^{re} parfaict amy,

» La Valette. »

1588

7 février. — Sur la demande de La Valette et de Maugiron, le roi accorde des lettres d'anoblissement au capitaine

---

de Flotte, baron, puis comte de La Roche, chevalier de l'ordre du roi, capitaine de 50 hommes de ses ordinaires, lieutenant commandant la compagnie de M. le prince dauphin en résidence à Romans. Ses premiers rapports de gouverneur avec les autorités de la ville furent assez bienveillants pour que celles-ci, satisfaites de ses bons offices, lui fissent plusieurs présents. Mais quand de La Roche se sentit assez fort, grâce à la citadelle qu'il avait fait construire et à la nombreuse garnison qu'il y entretenait, ses exigences en fait d'argent devinrent fréquentes et pressantes. Ce qu'il recevait d'une main, il le rendait, il est vrai, de l'autre, non gratuitement, mais sous forme de prêt ; de telle sorte que, en 1601, le parlement reconnut que les consuls de Romans devaient au comte de La Roche une somme de 5,580 écus. Enfin, pour peindre ces temps étranges, rappelons que La Roche, qui avait construit une citadelle sans autorisation, qui avait refusé à Henri III de quitter son commandement, qui avait trahi Henri IV, en voulant remettre la forteresse dont il était gouverneur au duc de Savoie, fut parfaitement traité par ces princes et reçu à bras ouverts par Lesdiguières. Malgré cette indulgence excessive, le comte de La Roche, ayant de nouveau conspiré, finit par perdre la vie sur un échafaud, et ses biens furent confisqués par un arrêt de janvier 1632.

Bonnet, de Romans, pour sa valeur et ses mérites. L'assemblée de la ville supplie les seigneurs de la cour « d'avoir égard à la suite et conséquence de telles exemptions et à la surcharge qu'elles apportent au peuple. »

21 mai. — Dans une assemblée des trois ordres, réunis sous la présidence du baron de La Roche, gouverneur de Romans, avec l'assistance d'Antoine Guérin, juge royal, et de Jean Montluel, procureur du roi, il est fait lecture d'une lettre de M. de Maugiron, lieutenant général de la province, datée de Vienne, où il donne avis « de certains désordres advenus passagèrement en la ville de Paris, Sa Magesté y estant [1]. » A cette occasion le gouverneur requiert de l'assemblée le serment de fidélité et d'obéissance envers Henri de Valois, 3ᵉ du nom, leur souverain et naturel seigneur. Le gouverneur est chargé d'envoyer au lieutenant général le procès-verbal notarié de la présente délibération, signé par tous les membres présents des trois ordres.

29 juillet. — Le baron de La Roche, feignant de faire une sortie contre les huguenots en Bayanne, va au devant des troupes de M. du Passage, gouverneur de Valence. Ces troupes, conduites par M. de La Rothière, se composaient de 400 arquebusiers et d'une compagnie de gens d'armes. Sur un signal convenu, elles traversent le pont, entrent en ville et s'emparent de toutes les portes.

S'étant ainsi rendu le plus fort et ne craignant aucune résistance de la part des habitants, de La Roche fit alors construire sur le plateau de Saint-Romain une citadelle, à laquelle il obligea de travailler les habitants de Romans et des environs. Cette forteresse fut promptement achevée. Elle avait huit bastions, et le dégagement de ses abords exigea la démolition de plus de cent maisons.

22 octobre. — Le juge royal Antoine Guérin rend

---

(1) Il s'agit évidemment des désordres qui aboutirent à la fameuse journée des *barricades,* arrivée le 22 mai, qui obligea Henri III à sortir de Paris et à se réfugier à Chartres.

compte à l'assemblée de l'entretien qu'il a eu avec le baron de La Roche, au sujet des énormes dépenses que supporte la ville. Celui-ci lui a dit qu'il ne désirait rien tant que le soulagement des habitants; mais que, nommé gouverneur par lettres patentes du roi, s'il fortifie la citadelle, c'est pour sa sécurité et par ce moyen mieux pouvoir conserver cette ville à Sadite Majesté; que, du reste, si c'est la volonté du roi, il est prêt à remettre son pouvoir au sieur juge et aux consuls.

Il est délibéré que ces magistrats se rendront à Lyon pour présenter au duc de Mayenne les mémoires de la ville.

31 octobre. — M. de Rochechinard [1], premier consul, rapporta de Blois, où il avait assisté aux États généraux, plusieurs dépêches du roi relatives à la citadelle de Romans [2].

Lettre du roi aux juge, consuls et habitants de Romans :

« Chers et bien amez. Le tesmoignage que vous avés toujours donné de v^{re} fidélité, dont nous sommes très bien informé, vous garantit en n^{re} endroit de tout soubson que ayés aulcune participation et voulanté aux choses qui ont passé puis quelque temps et passent encore en v^{re} ville contre n^{re} intention. Au moyen de quoy, si nous sommes contrainct venir à la rigueur, nous ne l'estendrons contre ceulx que nous sçavons ne l'avoir mérité et aurons toujours le soulagement de v^{re} ville en toute recommandation que nous pourrons. Nous avons faict bailler à v^{re} premier consul, présent porteur, la despêche qu'il a demandée tant pour la descharge du baron de La Roche, s'il tient parole, que pour la démolition de toute fortification qu'il a faict

---

(1) Romain Mosnier de Rochechinard, fils de Claude et de Françoise Guérin. Il testa le 26 novembre 1605 et décéda en 1608. Sa femme, Imberte Bruyères, fit son testament le 5 juillet 1622 et mourut la même année. De ce mariage naquirent douze enfants.

(2) Il avait voyagé en poste et franchi en huit jours les 125 lieues qui séparent Blois de Romans.

faire, ne voulant autre forteresse pour n^re service dans v^re dite ville que v^re fidélité et dévotion accoustumées.

» Donné à Blois, le dernier jour d'octobre 1588.

» Henry. »

Lettre du roi au baron de La Roche :

« Monsieur de La Roche. Voulant soulager nos peuples de despences, tant qu'il est possible, j'ay advisé de commettre la garde de ma ville de Romans aux officiers, consuls et habitants, sans y tenir garnison ; sachant qu'ils s'en sont acquittés par le passé avec tant de soing et de fidélité que j'ai occasion de m'en reposer sur eulx, et vous ay, à cette fin, faict despêcher mes lettres patentes portant v^re descharge et commandement de faire vuyder de lad^ie ville et de la citadelle les gents de guerre qui y sont, remettre et laisser icelles places libres entre les mains des juge et consuls de lad. ville : à quoy vous ordonne tres expressement, sur l'obeyssance que vous me debvés, que vous ayés à satisfaire, sans y faire faulte ny difficulté, et m'obeyssant en cest endroict vous me donnerés occasion de faire pour vous quant la commodité s'en offrira ; comme aussi faisant le contraire je y pourvoierey de sorte que vous cognoistrés combien est grande la faulte à un subject de contrevenir aux commandemens de son roy. Priant Dieu, Monsieur de La Roche, qu'il vous ayt en sa sainte garde.

» Escript à Blois, le dernier jour d'octobre 1588.

» Henry. »

Il y avait encore d'autres lettres patentes du roi pour le même objet adressées au juge royal, portant commission et mandement pour la démolition de la citadelle. Les lettres du roi furent remises avec un certain appareil au baron de La Roche par M. de Rochechinard et intimées par MM. de Lestang, chevalier de l'ordre du roi, Ferrand, conseiller au parlement, et de Chevrières, avocat général, délégués exprès. La ville désigna de son côté les consuls et le secrétaire pour aller requérir le baron de La Roche de vouloir obéir aux ordres du roi.

Malgré tous ces ordres et ces mises en demeure, le baron de La Roche ne tint aucun compte du roi, des magistrats et des consuls ; il affecta même le lendemain de demander à la ville un prêt de 105 écus pour la compagnie de M. de Champtz.

1589

18 janvier. — Henri III signe à Blois des lettres d'anoblissement en faveur de Humbert Peloux [1], « pour ses vertus et mérites notoires ». Elles sont enregistrées avec éloges à la maison consulaire.

2 juin. — Sur les assurances données par La Valette, dans une longue lettre écrite le 12 mai, l'assemblée de la ville supplie le baron de La Roche de permettre le retour en leurs maisons du juge royal, du procureur du roi et des notables qui, à l'occasion de la construction de la citadelle, avaient été obligés de s'éloigner de la ville. Cette grâce fut accordée. Néanmoins le juge Guérin ne reprit ses fonctions que le 19 mars 1595.

23 septembre. — Lesdiguières est à Romans.

7 octobre. — Le lieutenant général d'Ornano commande aux consuls de fournir douze charrettes pour porter des munitions de guerre au siége de Moirenc ; même réquisition au mois de décembre pour le siége de Vienne.

15 octobre. — Par lettres patentes données à Laval, Henri IV établit à Romans la cour du parlement, avec la chambre

---

(1) Avocat consistorial, plusieurs fois premier consul. Il mourut le 20 février 1613, laissant de Madeleine Berger 1° Humbert, qui décéda le 6 février 1652 ; 2° Charles, avocat au parlement, qui hérita de la célébrité de son père et eut de Béatrice Robert Joseph Peloux de Clérivaux, qui fut prêtre de l'Oratoire.

Le dessin colorié des armoiries de l'anobli, représenté sur le registre des délibérations de la commune, diffère un peu de celui donné par les armoriaux.

des comptes, le bureau des finances, le bailliage de Graisivaudan et la monnaie. La cour réclame qu'on lui fournisse, suivant l'usage, des chandelles, des tables et des chaises. Elle demande d'avoir à sa disposition la maison de Jean Dhonneur [1] pour y installer ses bureaux, qui communiqueront au moyen d'une galerie avec la grande salle de l'hôtel de ville. Le président de Buffevent, d'abord logé dans la maison de Félix, ne se trouvant pas bien, désire occuper celle de Jean Thomé. Le 21 janvier 1591, le parlement, rétabli à Grenoble, écrit au roi pour reconnaître l'accueil fait par la ville de Romans. Le 15 mai, les consuls font lecture d'une lettre du roi, écrite le 21 février au camp devant Chartres, contenant le contentement de S. M. et le don de deux foires.

1590

13 décembre. — « En considération des devoirs, honneurs et respect qu'on doit à M. le baron de La Roche, gouverneur de Romans, attendu que Madame sa femme doit bientôt arriver en cette ville, et pour honorer lad. venue le plus qu'il se pourra, est d'exhorter les habitants à faire un honnête et gracieux présent à lad. dame à son arrivée. » L'abbaye de Bongouvert répondit à cet appel et fit don à Madame Marthe de Clermont, la nouvelle épouse du gouverneur, d'une magnifique écharpe de soie cramoisie, garnie de dentelles et de franges d'or, du prix de 25 écus.

1591

11 avril. — M. Antoine Michel est envoyé à Lyon pour y

---

(1) La famille Dhonneur a fourni Jean-Louis Dhonneur, né le 3 février 1709, trésorier de France en 1756. Il acquit, le 12 octobre 1763, de François Rey, aussi trésorier de France, le manoir d'Hauteville, à Curson. Il décéda le 9 octobre 1797, survivant aux trois enfants qu'il avait eus de sa femme, Hélène Neyme, de Bourg-Argental.

acheter un vase ou un bassin d'argent, pour être offert en présent à M. d'Ornano, lieutenant général, à sa prochaine arrivée à Romans.

6 septembre. — Le comte d'Ornano écrit une lettre, datée du 28 août de son camp devant Saint-Marcellin, pour inviter les consuls de Romans à acquitter les billets émis par le comte de La Roche et de La Valette pour l'entretien des gens de guerre.

1592

14 mars. — « Monstre et revue en la citadelle des cent hommes de guerre à pied, français, sous la charge et conduite d'Annibal de La Sallette, leur capitaine, par Jacques de Boolot, commissaire, et Charles Cluissant, contrôleur des guerres, trouvés en bon et suffisant équipage de guerre et dont la solde, pour les mois de janvier et février, monte à 800 écus. »

Cette compagnie avait pour lieutenant César de Saint-Ferréol et pour enseigne Paul de Bollavin. Elle comptait un sergent, quatre tambours et fifre, quatre caporaux, huit anspessades, douze mousquetaires, quinze piquiers et cinquante-un arquebusiers.

23 octobre. — Le lieutenant du gouverneur de la ville enjoint aux consuls d'avoir à payer 700 et tant d'écus qui restent dus aux entrepreneurs de la citadelle. Les consuls demandent une diminution d'un quart des tailles comme dédommagement des frais que la ville a supportés pour le fait de cette construction.

24 octobre. — Alphonse d'Ornano, lieutenant général au gouvernement du Dauphiné, et Rabot d'Illins, premier président du parlement, tiennent à Romans les États de la province, où se trouvent plusieurs seigneurs et les commis des villes et communautés [1]. Le tiers-état demande de remplacer

---

(1) Vers cette époque, les États de la province furent réunis assez fréquemment : le 18 octobre 1592 à Saint-Marcellin et vers la fin de novembre à Moras,

l'imposition de 124 écus par feu par une somme de 229,000 écus. Il prie le gouverneur de supprimer plusieurs offices onéreux et inutiles, et d'ordonner, conformément au règlement fait par la reine-mère en 1579, que tous les biens roturiers acquis par des nobles et autres privilégiés contribueraient aux tailles pour l'avenir.

Le lieutenant général eut, à cette occasion, à répondre aux exigences formulées avec une grande véhémence par le sieur Florent, envoyé du duc de Nemours, commandant l'armée en Savoie, et par le sieur de Saint-Jullien, secrétaire de Lesdiguières.

7 décembre. — Sur la plainte des habitants de Romans, qui ne peuvent avoir des chandelles pour de l'argent, et attendu « la cherté notoire de toutes choses », le conseil de la ville fixe le prix des chandelles à cinq sols la livre et défend d'en vendre plus de deux livres à la fois. Quant aux grosses chandelles, elles ne pourront être vendues que sous le contrôle d'un consul ou d'un commis [1].

---

le 10 février 1593 à Grenoble, le 7 mars suivant à Valence, le 15 mars 1594 à Grenoble, le 15 octobre de la même année à Beaurepaire. Dans ces assemblées il était beaucoup plus question de tailles et d'impôts que de gouvernement et de politique. Aussi l'éloquence et la stratégie parlementaires avaient pour but de réduire le plus possible le nombre d'écus par feu et d'obtenir quelque soulagement pour les communautés.

(1) Pour faire apprécier l'importance de cet objet de consommation au XVIe siècle, nous citerons que, le 31 mai 1593, Arnoulx de Loulle présenta à l'assemblée de la ville un mandat de 366 écus pour la fourniture de chandelles aux corps de garde.

Arnoulx de Loulle, marchand, originaire de Châteauneuf-de-Mazenc, de la même souche que les Delolle. Il fut 2e consul et rendit beaucoup de services à la ville et au roi pendant les troubles. Il ne put être anobli, « parce qu'étant chargé d'une nombreuse famille il n'avait pas des moyens suffisants pour maintenir le lustre de la noblesse »; mais, plus heureux, ses petits-fils Arnoulx et Pierre, avocats, reçurent cette distinction par lettres patentes du mois de septembre 1654.

1593

31 mai. — Le lieutenant du gouverneur ayant donné l'ordre aux capitaines de la ville de faire prendre les armes à leurs compagnies pour la défense de la ville, les consuls leur font délivrer 30 livres de poudre.

16 août. — En envoyant la lettre du roi donnant avis aux consuls de la *catholization* de S. M.[1], le comte d'Ornano, lieutenant général de la province, écrit la note suivante :

« Messieurs les consuls, ayant tout maintenant reçu une despeche du roy, et par icelle la bonne nouvelle de sa catholization, j'ai prisé de vous en faire participants et vous envoyer celle que vous escrips en diligence comme vous ayant toujours estimés ses bons et fidelles subjects ; vous priant d'en rendre grâces à Dieu par prières, oraisons et processions générales; faisant tirer les pièces pour réjouissance d'un si grand œuvre qui nous apportera, s'il plaît à sa divine bonté, une paix perdurable, qui est tant désirée des gents de bien. Je vous prie encore une foys d'effectuer ce que désirés et croire que je suis et demeure, Messieurs, votre bien affectionné à vous servir.

» A Moras, le xiiii aoust 1593.

» Alfonse DORNANO. »

1595

14 janvier. — La ville était souvent dans l'obligation de déléguer quelque notable compatriote pour hâter l'expédition

---

(1) Cette dépêche, qui est assez longue, est transcrite sur les registres consulaires. Nous ne la reproduisons pas parce que c'est évidemment une lettre circulaire qui n'a point été écrite en particulier pour la ville de Romans. L'abjuration publique d'Henri IV avait eu lieu dans l'église abbatiale de Saint-Denis, le dimanche 25 juillet 1593.

des affaires qu'elle avait trop souvent pendantes au conseil d'État à Paris. Ces missions, le plus ordinairement, n'étaient pas gratuites, elles étaient même assez onéreuses. M. Laurent de Manissieu ayant accepté de remplir une pareille délégation et demandé à être indemnisé de ses dépenses, la ville lui alloua 150 écus et un cheval de la valeur de 22 écus.

Mars. — Le comte de La Roche, gouverneur de Romans, envoie le capitaine Tortel avec quelques troupes au vieux château de Barbières, où elles se fortifient. Il lève des tailles autour de Romans et devient suspect au maréchal d'Ornano, qui le somme de déclarer s'il tient pour le roi ou non.

Août. — Le lieutenant général de Dauphiné envoie à Romans M. du Palaix, son cornette, pour s'assurer des projets du comte de La Roche, qui avait de nombreuses troupes autour de la ville et avait reçu, dit-on, 15,000 écus pour soutenir le parti du duc d'Épernon.

6 novembre. — Le comte de La Roche, pour se justifier des soupçons de la population, se rend dans la maison du juge royal, et là, en présence des consuls, des capitaines et autres notables de la ville, il repousse hautement les bruits qui, au préjudice de son honneur, se sont répandus dans le public. Il assure qu'il est bon catholique, fidèle sujet du roi, et qu'il défendra la place dont il est gouverneur contre les ennemis de S. M.

9 décembre. — La rumeur publique ayant appris au maréchal d'Ornano que le comte de La Roche avait des intelligences avec le duc d'Épernon et qu'il mettait en état la citadelle de Romans, voulut s'assurer par lui-même de la vérité. Il se rendit sur les lieux et, lui dixième, entra pour parlementer par la porte extérieure de la citadelle; le reste de la troupe demeura dehors. Après une conférence de deux heures avec le gouverneur, il sortit par la même porte et s'en alla coucher à Moras. Les habitants s'étaient réunis sur la grand'-place pour saluer le maréchal, pensant qu'il sortirait par la ville; ils furent très-mécontents de ce désappointement.

1596

18 janvier. — Quelques soldats de la garnison de Romans se rendirent à Montrigaud et y enlevèrent du bétail. Une troupe composée de vingt soldats, commandée par le capitaine Laroche, pénétra de nuit à Murinais, saisit plusieurs paysans, que ce dernier fit conduire à Romans. Mais, attaqué en route, il fut blessé mortellement. « Il ne fut pas plus plaint qu'un chien enragé. »

Janvier. — Conformément à l'ordre du maréchal d'Ornano, le comte de La Roche, avec sa compagnie de cavalerie et quelques argoulets, se rend à Moras, où un traité a lieu. Celui-ci s'engage : 1° à rompre son association avec le duc d'Épernon ; 2° à réduire ses compagnies d'après l'ordonnance des États tenus dernièrement à Saint-Marcellin, à se contenter de la garnison qui lui a été accordée et à faire le service du roi comme les autres commandants du pays; enfin 3° à précompter sur les premières assignations qui lui seront accordées tout ce qu'il a exigé des communautés.

1ᵉʳ novembre. — Une maladie contagieuse s'étant déclarée à Grenoble, la chambre des vacations du parlement se rend à Romans pour l'administration de la justice. Le mal ayant sévi aussi dans cette ville, les membres du parlement allèrent passer dix jours à Saint-Paul.

1597

1ᵉʳ octobre. — Lettre d'Henri IV aux consuls et habitants de Romans :

« Chers et bien amés. Nous sommes advertis que le duc de Savoye approche son armée de nre pays de Daulphiné, non pas tant pour y entreprendre par vive force que pour exécuter quelque entreprinse sur quelcune des villes de la province, ayant seu, par des lettres qui ont esté interceptées, qu'il faict grand essai de quelques pratiques et intelligences qu'il pense avoir sur aulcunes d'icelles, et semble mesme que se doibvent estre plustost sur celles de la rive de l'Isère que aultres, dont nous vous avons bien voulu advertir, affin que vous preniez soigneusement garde à v^{re} conservacion, soit en observant curieusement qu'il ne fréquente personne dans lad. ville qui puisse estre suspect d'avoir partant le duc de Savoye qu'en redoublant ses gardes, mesme pendant que son armée sera sur la frontière. Nous escripvons au s^r comte de La Roche de se tenir en sa charge pour préserver n^{re} d. ville de surprise : à quoy aussi vous l'assisterés de tout v^{re} pouvoir.

» Donné au campt devant Amiens, ce xviie jour de septemb. 1597.

» HENRY. »

« A esté conclu exorter tous les habitants de la ville et par le moyen de MM. les cappitaines d'icelle d'avoir faire leur debvoir aux gardes indifféremment, sans distinction d'aulcungs, et prier M. le comte de La Roche, M. le juge royal [1] et MM. de la chambre des vaccations qui sont icy y rapporter tout ce qui est de leur authorité pour la fortification des susd. gardes et la conservacion de la ville. »

19 octobre. — L'indulgente longanimité avec laquelle les autorités locales, le gouverneur de la province et le roi lui-

---

(1) Henri-Antoine Guérin, écuyer, docteur en droit, conseiller de l'assemblée de la ville de la première qualité en 1596. Il succéda à son père l'année suivante dans la charge de juge royal. Il mourut en 1642, laissant 400 livres au couvent des Capucins, pour la construction duquel il avait donné, en 1610, une somme de 320 écus. Il s'était marié à Suzanne Pélissier, fille de Jacques Pélissier, procureur général au parlement, laquelle décéda le 20 janvier 1652, après avoir donné le jour à 1° François, conseiller au parlement, qui acheta la terre de Tencin et fut le grand-père du cardinal de ce nom ; 2° Melchior, qui fut, en 1674, gardien du couvent des Capucins de Romans, et 3° Justine-Laurence, qui devint, en 1680, supérieure du couvent de la Visitation de la même ville.

même avaient supporté la conduite plus qu'équivoque du comte de La Roche, devait enfin avoir un terme. Sibeud de Saint-Ferréol [1], lieutenant du gouverneur, à qui on avait promis 20,000 écus pour sa coopération, révéla à Lesdiguières et aux officiers du parlement le complot suivant.

Pendant un long séjour à Romans, Simiane d'Albigny [2] s'était efforcé, par de grandes libéralités, de capter la confiance de la population romanaise. Il avait réussi à corrompre le comte de La Roche, qui promit de livrer la citadelle au duc de Savoie, moyennant 50,000 écus comptant et l'espérance d'être nommé gouverneur du Dauphiné. D'Albigny devait revenir à Romans avec 4,000 Savoyards et Espagnols. Il n'y avait pas à hésiter : la résistance fut résolue.

Le dimanche 19 octobre, à minuit, la chambre des vacations du parlement, le juge royal, les consuls, Saint-Ferréol et une foule de bons citoyens se réunissent à l'hôtel de ville. Tous prêtent avec enthousiasme le serment de fidélité au roi et prennent la résolution de commencer le siége de la citadelle.

---

(1) Hercule Sibeud de Saint-Ferréol. Il commandait, pour Montbrun, le château de Ruynat, qui fut pris par de Gordes. Suivant le conseil du vainqueur, il abandonna le parti de la Réforme et devint un fidèle serviteur du roi. En 1587 il était capitaine de cent hommes de pied et lieutenant du gouverneur de Romans, où il était fort aimé. Il fut parrain, le 7 juillet 1589, d'Hélène Tardy, célèbre dans les fastes de la charité de cette ville. Après avoir déjoué la trahison de son chef, il eut le commandement de 200 hommes et fut ensuite nommé gouverneur de la ville, qu'il avait contribué à conserver au roi. Son fils Alexandre lui succéda dans sa charge par brevet du 29 janvier 1607, sur la demande des consuls. Le roi y consentit « pour leur donner contentement et satisfaction, encore que ce fût chose extraordinaire ». Sa fille Françoise épousa Ennemond Chastaing de Lapassa.

(2) Charles Simiane d'Albigny, quatrième fils de l'illustre baron de Gordes et de Guigonne Alleman, chef de la branche de Pianesse. Il était capitaine d'une compagnie de cavalerie et grand écuyer du duc de Savoie. Il épousa, le 26 février 1607, Mathilde de Savoie, sœur de Charles-Emmanuel Ier, et devint capitaine général de la cavalerie savoisienne, lieutenant général de S. A. de là les monts et général de ses armées.

On barricade les rues, on envoie chercher des troupes de toutes parts et on fait venir des canons de Valence. La noblesse du pays, le maréchal d'Ornano avec la compagnie de cavalerie de M. du Passage et un grand nombre de gens des communes voisines arrivent à Romans, où ils sont tous logés et nourris aux frais de la ville. La seconde nuit, la comtesse de La Roche, revenant de Saint-Jean-de-Bournay, est prise au moment où elle voulait se jeter dans la citadelle par la porte extérieure. Cet événement donne lieu à quelques pourparlers sans résultats. Le siége est repris. Mais, après l'échange avec la ville d'un millier de boulets, la forteresse capitule le 25, à des conditions extrêmement bienveillantes, et est remise à deux conseillers du parlement, Aymard de Virieu et Claude des Portes. Le comte de La Roche sortit par la porte de la campagne; on lui donna un cheval et sa femme monta en croupe derrière un gentilhomme. Le maréchal les fit conduire à Moras. Immédiatement après arrivèrent trois régiments de Lesdiguières ; mais la ville de Romans, accablée de logements, ne voulut pas les recevoir. Ils furent cantonnés dans les environs de Génissieu.

Saint-Ferréol, avec sa compagnie de cent hommes de pied, se chargea de la garde de Romans, dont l'année suivante il fut nommé gouverneur en récompense de sa belle conduite. Le lendemain, dans une assemblée générale présidée par le maréchal d'Ornano, la démolition de la citadelle fut décidée. Les matériaux servirent à réparer plusieurs églises, et l'emplacement fut donné pour l'établissement d'un couvent de Capucins. La *maison du Roi*, habitation du gouverneur, fut rasée par ordre du parlement [1].

---

(1) La *maison du Roi* était au pied de la citadelle, au midi du chemin de Chapelier, en face de l'entrée de cette forteresse. Les jardins, hardiment terrassés contre le flanc du coteau, descendaient par quatre étages jusqu'à l'Isère. Cette habitation fut bientôt reconstruite. Elle appartint aux de Gaste, puis aux Garagnol et en dernier lieu à la famille Enfantin, dont un héritier du côté maternel, M. Récamier, de Paris, conserve cette pittoresque propriété comme un souvenir historique.

1er novembre. — Le premier président Rabot d'Illins convoque à Romans, pour y tenir les États, les députés des villes et des communautés. L'archevêque de Vienne s'y rend et rappelle que, aux termes des priviléges et libertés de la province, il est nécessaire de convoquer les commis des trois ordres, afin que les plaintes de tous soient entendues, et qu'enfin nul, sinon lui, ne peut présider l'assemblée. Sur cette protestation les États furent assignés à Vienne pour le 15 janvier suivant.

1598

Mai. — La peste s'étant de nouveau déclarée dans Grenoble, le parlement vient siéger à Romans. Pendant son séjour, le 12 juin, on célèbre la paix conclue entre le roi de France et le roi d'Espagne. Il y eut une procession générale, à laquelle assistèrent le premier président et le parlement, la chambre des comptes, les autorités de la ville et une foule d'habitants. On brûla sur la grand'place un feu de joie formé d'une tour à trois étages, où l'on voyait les effigies de Mars et de Bellone, qui furent la proie des flammes. La Paix chantait les louanges de Dieu et jetait des fleurs sur le peuple, qui était réjoui, tandis que les gens de guerre « étaient tout marmiteux ».

1599

25 octobre. — L'édit de Nantes est publié à Romans par le duc de Lesdiguières, gouverneur du Dauphiné, Ennemond Rabot, premier président du parlement de Grenoble, et Méret de Vit, premier président du parlement de Toulouse. Les protestants sont autorisés à avoir un temple et un cimetière au Bourg-du-Péage et à faire admettre leurs pauvres et leurs malades dans les hôpitaux de la ville. A l'issue de l'assemblée où l'édit et les règlements pour en assurer l'exécution venaient d'être enregistrés, Jean Magnat et Pierre Escoffier, ne trouvant pas ces concessions suffisantes, présentèrent, au nom de leurs coreligionnaires, des remontrances aux commissaires.

A l'occasion de la présence du gouverneur de la province à Romans, on avait construit sur la grand'place un échafaud très-élevé, formé de plusieurs arcades et supportant un énorme dragon flamboyant « entouré d'admirables artifices ».

Le traité entre la France et l'Espagne et la publication de l'édit de Nantes, ayant assuré la paix dans le royaume, marquent la limite que nous avons assignée à ces annales. Nous n'y ajouterons qu'une simple remarque, qui en sera l'épilogue et la morale. Les guerres civiles du XVIe siècle, qui, sous prétexte de la liberté de conscience, avaient pour but l'anéantissement de l'autorité royale, aboutirent partout, après quarante ans d'horribles excès, au triomphe du pouvoir absolu et de l'intolérance religieuse.

www.ingramcontent.com/pod-product-compliance
Lightning Source LLC
Chambersburg PA
CBHW071314110426
42743CB00042B/2003